追寻儒略·恺撒的足迹

〔法〕史蒂芬尼·摩西隆 著

〔法〕让－菲利普·夏波 绘

周春悦 译

人民文学出版社

PEOPLE'S LITERATURE PUBLISHING HOUSE

著作权合同登记：图字 01-2022-3715 号

Sur les traces de Jules César
©Éditions Gallimard Jeunesse,Paris, 2002
text by Stéphanie Morillon
illustration by Jean-Philippe Chabot

图书在版编目（CIP）数据

追寻儒略·恺撒的足迹 /（法）史蒂芬尼·摩西隆著；（法）让‐菲利普·夏波绘；周春悦译. —北京：人民文学出版社，2017（2023.1 重印）
（历史的足迹）
ISBN 978‐7‐02‐012614‐9

Ⅰ. ①追… Ⅱ. ①史… ②让… ③周… Ⅲ. ①恺撒 (Caesar, Gaius Julius 前 100‐ 前 44) ‐传记‐儿童读物 Ⅳ. ① K835.467=2

中国版本图书馆 CIP 数据核字（2017）第 068828 号

责任编辑　朱卫净　　王皎娇
书籍装帧　高静芳

出版发行　人民文学出版社
社　　址　北京市朝内大街 166 号
邮政编码　100705

印　　制　上海盛通时代印刷有限公司
经　　销　全国新华书店等

字　　数　61 千字
开　　本　889 毫米 ×1194 毫米　1/32
印　　张　4
版　　次　2017 年 10 月北京第 1 版
印　　次　2023 年 1 月第 4 次印刷

书　　号　978‐7‐02‐012614‐9
定　　价　49.00 元

如有印装质量问题，请与本社图书销售中心调换。电话：010‐65233595

追寻儒略·恺撒的足迹

献给欧仁妮和莱昂纳多·史戴芬尼

目 录

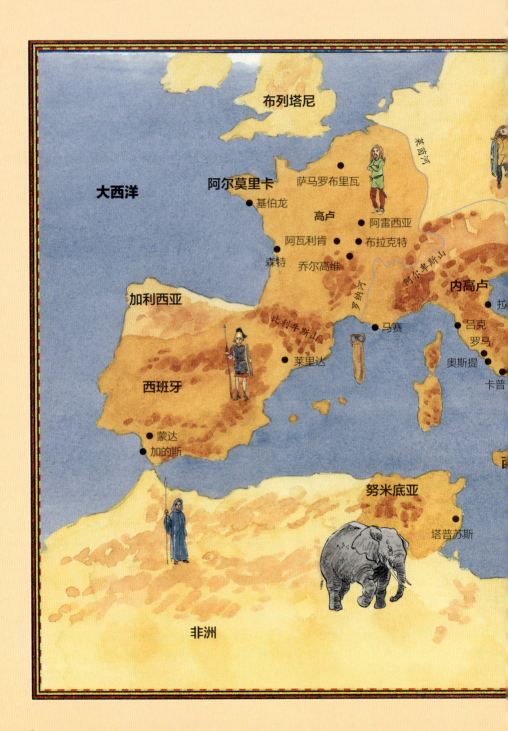

布列塔尼

大西洋

阿尔莫里卡

基伯龙

萨马罗布里瓦

高卢

阿雷西亚

阿瓦利肯

布拉克特

森特

乔尔高维

加利西亚

比利牛斯山

莱里达

马赛

内高卢

吕克

罗马

奥斯提

卡普

西班牙

蒙达

加的斯

努米底亚

塔普苏斯

非洲

莱茵河

罗纳河

阿尔卑斯山

拉

恺撒时期帝国版图

    公元前 100 年，或公元前 101 年，恺撒出生于罗马一个贵族家庭。公元前 59 年，他被选举为执政官。他因在高卢的战役而名声远扬，并于公元前 48 年掌握了领导罗马的大权。公元前 44 年，恺撒被谋杀。

多瑙河

黑海

伊利里亚

蓬蒂

泽拉

尼亚

杜拉佐

卡尼尔

布林迪西

埃皮尔

法萨罗

小亚细亚

希腊

地中海

塞浦路斯

叙利亚

亚历山大

埃及

尼罗河

马略的外甥

罗马市中心的**苏布尔**区，在一片嘈杂声中，窗内迸发出欢乐的叫喊声："男孩！是个男孩！"侍从们在年轻的母亲身旁忙来忙去，擦拭着她额头上细密的汗珠。这正是**公元前100年**的夏天，热浪让人喘不过气来，好在这幢精美的房屋有着精心打理的花园和沁人心脾的喷泉。奥莱莉娅惊喜地看着自己的儿子。她喘口气，对她年迈的女仆喃喃道："你看他紧握双拳的样子！多么坚定的神情！"

奥莱莉娅作为母亲的典范，要求仪式必须分毫不差地严格执行。新生儿在首次沐浴之后，先被放在地上，然后他年轻的父亲将他抱在怀里，以示对儿子的认可。献给神灵们的**供品**数不胜数。出生后第九天，长子有了名字：盖乌斯·尤利乌斯·恺撒，和他的父亲及祖父一样。

接下来，人们给婴儿的脖子上系上"球"。系小金球是**罗马贵族**中常见的

苏布尔：罗马市中心街区。

公元前100年：本书中讲述的事件全部发生在公元前。

供品：向神灵供奉的财物。

罗马贵族：罗马古老家族的后代。

习俗，球里面装着**辟邪物**，用来保护孩子。戴上它，孩子就有了与世界抗争的力量。

男孩一天天长大，并接受了与他出身相匹配的教育：读、写拉丁文和希腊文，珠算、敬神、守法。十岁时，母亲请到了著名的马尔库斯·安东尼斯·格里佛做他的家庭教师。这位来自高卢的导师教他学习雄辩术。

"一定得记住这个，恺撒，要想具有说服力，你的发言必须悦耳、有理，且打动人心。只要遵守这条金科玉律，无论你说什么，别人都能听进去。"

老师很快就在他的学生身上发现了非凡之处。之后又教了他历史、哲学和伦理。恺撒反应敏捷，对一切充满好奇，学习的劲头从不懈怠。

精致文雅的外表之下，恺撒却是一名运动健将。他看起来略显瘦弱，却耐力惊人。一名奴隶专门负责训练他。搏击、骑马、游泳、操练武器……无论在**战神广场**上还是在家里，恺撒都在进行严格的锻炼，只有这样，才能练就强健的体魄……

辟邪物：能够防御危险的物件。

战神广场：起先是军队集合地，后来变成人民大会会议地点和年轻人操练的场所。

绿廊下面，休憩的母亲和姑母在悄

声闲谈，而恺撒不知疲倦地背诵着《伊利亚特》的篇章。他手中紧握一根棍子，模仿着**阿基里斯**打败**赫克托尔**的场景。他完全沉浸在自己的世界中，大幅挥舞着刺杀的动作。姑嫂俩看他这副模样，觉得很有趣。

"我们应该为我们的小伙子感到自豪！"尤利娅说道，"才十二岁，他就等不及要去和罗马的敌人一拼高下了！你别替他操心！他天生就是建功立业的料。"

"如果他能有大好前途，那也是**马略**为他开启的，"奥莱莉娅补充道，"你那优秀的丈夫给他树立了真正的榜样。人民爱戴他，因为他有真本事！他在北非镇压了努米底亚国王朱古达的叛乱，他击退了日耳曼人的入侵。还记得吧，罗马人是怎样热烈欢迎他的！他连续六次被选为执政官！"

> 《伊利亚特》：荷马所作的长诗，讲述特洛伊战争。
>
> 阿基里斯，赫克托尔：特洛伊战争中的英雄人物。
>
> 马略：大败日耳曼族辛伯里人和条顿人的骁将，民众派领袖。

"正好是恺撒出生那年……"

奥莱莉娅叹了口气，回忆起了这段遥远的过去。

"罗马从那时起变了许多，"她接着说道，"眼下的世道真不太平……"

母亲和姑母的谈话将恺撒迅速拉回现实中，他急切地打断她们：

"马略依然深得人民的喜爱，甚至是崇拜！可是**元老院**在拼命地驱逐他，他们怕他。贵族们真是太忘恩负义了！**同盟战争**爆发的时候，罗马的同盟国纷纷起义，是他们向马略求助的！就算姑父那时已经六十岁了，他仍然比元老院那些小毛头厉害得多！"

他母亲轻轻地笑了。他儿子站在姑父和人民一边，而不是元老院那一边，这合情合理。恺撒继续说道：

"可是当本都王国国王**米特里达梯**

元老院：该团体由资深的行政官组成，它是罗马共和国的基石，政权的捍卫者，以及传统的守护者。

同盟战争：公元前91年至公元前88年，罗马与意大利同盟城邦之间爆发的冲突。

米特里达梯：意图将罗马逐出小亚细亚的国王。

攻打罗马各省的时候，元老院又做了什么？什么也没做！当米特里达梯对成千上万的罗马人和意大利人进行屠杀的时候，元老院选择了执政官苏拉作为行动指挥！为什么要故意避开明明更加擅长指挥军队的马略呢？难道因为他是平民出身吗？因为他不懂希腊语吗？"

尤利娅的眼神黯淡了下去：

挑衅： 借端生事，企图引起冲突或战争。

"你了解你姑父，恺撒，他并没有就此放弃。他最终还是得到指挥权，晋升到最高位置。但苏拉无法接受。他率军攻打罗马城，并得逞了。"

"那是因为当时正值城内溃乱，米特里达梯**挑衅**罗马。我姑父被迫逃跑，因为他的人头被悬赏。听人说他到了非洲……"

三人都极其不安，忽然一阵死寂。午后令人窒息的炎热褪去，一阵微风袭来。

突然，从树荫中跳出一个奴隶的身影，他向他们行了个礼。

"发生什么事了？"女主人发问，"看你上气不接下气的样子！"

"我有马略的消息了！"奴隶回答，费了好大劲才喘过气来。

恺撒站起了身。姑母命令奴隶快快道来。

"马略回来了！真的！回来了！"他答道。

"快讲啊！"尤利娅急不可耐。

"是这样的：衣衫褴褛，蓄着蓬乱长发和胡子的马略，踏上意大利半岛之后，成功地组建了一支军队。元老院害怕他为了报复而攻打罗马城，便派了一名使者去求他不要伤及市民。马略接受了这个条件。"

罗马广场：一个巨大的公共广场，四周环绕着集市、庙宇和公共建筑。

"太好了！"恺撒喊道，"我明天要去**罗马广场**，看姑父载誉归来。"他高兴地紧紧抱住姑母和母亲，黑色的眼

罗马是一个巨大帝国的首都，它拥有众多华丽威严的公共建筑物，是一座集所有权力于一身的城市。不过，要保证近一百万人口吃住无忧，却是一项真正的挑战。

罗马广场
台伯河的平原河道干涸之后，便在此建造了第一个罗马广场。罗马广场同时是罗马的政治、宗教和商业中心。

罗马广场

亚辟大道

因苏拉

这是一种砖结构多层楼房，房间供出租。几百名居民挤在在狭小的房间内生活。公寓时刻有发生火灾和坍塌的危险。

商铺

大街上随处可见的招牌提示着它们的存在。出售的商品来自意大利半岛，甚至还有从奥斯提港口运来的产自帝国所有领土的商品。然而每当食品价格上涨时，来自平民的压力都让政治人物颇感不安。

"狭窄的街道上人头攒动，然而商店货摊上的商品却少得可怜。"

因苏拉公寓模型

亚辟大道

这条大道是最为古老的石路之一，它将罗马与布林迪西港口连接起来。罗马的道路使得罗马军团能够迅速到达帝国边界，同时也促进了商业繁荣。道路上设有路标，上面标注了到最近的城市的距离，以及道路的建设者或者翻修者的名字。

人口过剩的城市

拥挤的人群在狭窄的街道上叫骂着，碰撞着，无数的马车更是加重了交通的堵塞。

温泉浴场

温泉浴场

即公共澡堂，票价非常低廉。人们来此洗澡，因为这里的热水控制系统设计精良，而更重要的目的则是社交。澡堂里面还设有体育室、图书馆、商店……罗马一座城市内就有几百个公共或私人的温泉浴场。

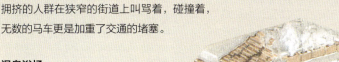

一个坚定的青年

恺撒全家聚集在**家神龛**前。他的母亲、姑母、姐妹、叔伯、表兄弟，所有人都自愿参加这庄严的仪式。恺撒朝向炉灶缓缓走去，将从出生起就戴在脖子上的金球敬上。他脱下**白色镶边长袍**，换上了成年男子穿着的纯白色长袍。奥莱莉娅将黑色的头发挽成一个髻，保持严肃的神情，不让情感流露。这场仪式完毕，恺撒就是成年人了。从这天起，他的名字将被记载在罗马公民名册中。

侍从们在餐盘中摆放了烤肉、煮鱼、蚕豆泥以及无花果蛋糕。他们还端来了盛满清水的双耳尖底瓮，供大家在喝酒的空当饮用。

"恺撒，来，坐到我旁边。现在，该好好想想你的去处了，"奥莱莉娅说，"我和尤利娅想到了一桩最为有利的婚姻。"

"哪一桩，母亲？"

"秦纳的女儿。"

"秦纳的亲生女儿？"

家神龛：用来供奉家神（即灶神）的祭坛或者小神龛。

白色镶边长袍：镶紫色边的白色长袍，仅供未成年人和法官穿着。

恺撒跳了起来，他明白这意味着什么。与人民派的领袖，国家第一号人物的家庭联姻！

"此外，一旦结婚，你就能担任一项重要的职务，得益于你未来岳父和你姑母的影响力，你将成为**朱庇特神祭司**。

朱庇特神祭司：侍奉朱庇特神的神职人员。 你应该知道这项崇高的职务有诸多约束：禁止骑马、禁止离开罗马两晚以上、禁止看管武器、禁止参加葬礼、禁止吃发酵食品，还远远不止这些……但是你将身居高位，你的妻子会给你织合适的披风。"

"那什么时候办事？"

"应该是最近，假如一切按照我所希望的进行，"奥莱莉娅答道，"回到客人中间去吧。"

恺撒起身。临走之前，他问道："我未来的妻子叫什么名字？"

"科涅莉娅，听说是个美人……"

一切的确按照母亲的计划进行着，甚至更为顺利……婚礼那天，科涅莉娅将她的头发编成六条辫子盘在头顶。她戴了一块由花环固定着的大大的紫色面纱，即便如此，恺撒依然感觉得到她清澈的目光。人们屠宰了一只作为供品的山羊，仔细观察它的内脏。结果预示这段婚姻呈

大吉大利之**相**。两位新人紧握彼此的右手，以示好合。当恺撒感觉到手心中科涅莉娅那只温软的手时，他明白了上苍对自己有多么眷顾。她与他是天作之合，担保誓言的朱庇特，婚姻之神朱诺，爱神维纳斯，母爱之神狄安娜，诸神均献上了祝福。

晚宴之后，当**维斯珀耳**星升起，新娘要离开娘家。宾客们将她从母亲怀中带走，送亲队伍唱着新婚之曲，陪她去往新郎家中。恺撒在家门口迎接她。他将她抱起，不让她碰到门槛。怀中的她是那样轻盈……

相： 来自神的指示，用来表示对一件事的同意或者反对。

维斯珀耳： 傍晚天空中出现的第一颗星。

站在中庭，他向她献上了火和水。

"**盖乌斯**何时，我**盖娅**就何时。"她说。

接着，科涅莉娅献上三枚钱币，一枚献给她的丈夫，一枚献给家神，还有一枚献给离家最近的路口之神。第二天，庆典以在恺撒家中举行的又一场晚宴而告终。

爱情在这对般配的新婚夫妇心中萌芽，不久便结出果实：他们的女儿尤利娅诞生了。

然而乌云袭来。马略的继任者，科涅莉娅的父亲秦纳去世了。苏拉从东方回来了，并带领数千名士兵向罗马冲来，

盖乌斯，盖娅： 这句婚礼仪式用语意味着结婚后，妻子将改名，使用丈夫名字的阴性形式。

整个意大利陷入水深火热之中。他野蛮地强行入城，成为**独裁官**。

恺撒从罗马广场回来，寻找着他的妻子。一看到她，便急忙走了过去。

"苏拉刚刚公布了**被放逐者**名单！他们要悬赏捉拿我，并没收我的财产！"

科涅莉娅美丽的眼睛里流出苦涩的泪水：

"我早就在担心，你如今是在敌对阵营。但是假如你为了博得罗马新统治者的欢心而不得不将我休掉……"

恺撒的脸上浮现出大大的笑容，打断她：

"没这个可能！我得离开这里一段日子，等形势转好一点。我很快就回来，别害怕！"

黎明时分，恺撒离开了平静的家，穿梭在他再熟悉不过的罗马街道中。当艳阳高照之时，他已经到了乡下，麦子在他的眼前摇曳。他穿过沼泽地，踏上小径，避开村庄，因为他知道苏拉的手下正在追捕他。他来到杉木山，在不同的藏身地之间游窜。疲倦开始慢慢侵袭，他有时睡在洞穴中，有时睡在谷仓里，吃得也很少：牧羊人偶尔接济他一块奶酪，或者

独裁官：拥有一切权力的罗马行政长官。元老院在国家紧急状态下任命独裁官，其有任期限制，一般为六个月。

被放逐者：遭到苏拉驱逐或者流放的人。

一小块面包，喝的是清的河水。他越来越无力，发起了高烧。他的视线开始模糊，昏倒在地……

稍稍恢复了一些力气，他朝着最近的村庄走去，在那儿听说他母亲正在动用她的关系，为他争取赦免**流刑**的机会。恺撒清楚奥莱莉娅有多顽强，他知道她一定会说服苏拉让他回去的。事实的确如此，独裁者最终很不情愿地做出了让步，并感叹道：

"这个恺撒，抵得上好几个马略！"

流亡的恺撒立即回了家，母亲和妻子照顾着卧床的他。他平躺着，听着女儿牙牙学语的声音。在历经重重考验之后，此番回家真是太幸福了。可是没过多久，恺撒的朋友们就提醒他道：

"你不该留在罗马。苏拉很可能改变主意，此人深不可测。"

恺撒听从了意见：等身体一恢复，他就离开罗马。

流刑：如果流刑（判处犯人离开国家的刑罚）获得赦免，恺撒就有权返回罗马。

米蒂利尼：位于莱斯博斯岛的希腊城市。

机会不久就来了。他将护送马尔库斯·米纽修斯·泰尔穆斯去小亚细亚执行任务。此行意在惩罚**米蒂利尼**，因为它总是与罗马作对。恺撒出色地完成了

他的使命。作为对他英勇之举的奖励，他被授予了一顶**橡树叶花冠**。然而这次经历让他离家三年之久。

回到罗马一段时间后他再次出发。这次，他动身前往**罗德岛**师事智者阿波罗尼奥斯·摩隆，以期后者帮助自己修炼演说术。

几日之后，船正在小亚细亚海上平静地航行。突然，负责观察海面的仆人叫道：

"警报！有海盗径直向我们开过来！"

恺撒故意表现得很平静：

"你们是谁？你们要干什么？你们要是敢伤害我，一定会后悔的。"

"交出二十**塔兰特**，我们马上走人。"

"二十塔兰特！我就值这么点钱吗？如果你们不想给我难堪，就不要开价低于五十塔兰特！"

海盗们被恺撒的镇定弄得不知所措。

"那好啊，给我们五十塔兰特，就放了你们！"

恺撒派了两名亲信上岸去筹集赎金。

"既然条件已经谈妥了，我请你们从现在开始不要干扰我读书。"

橡树叶花冠： 崇高的荣誉，比月桂花冠略低一等。

罗德岛： 希腊岛屿。

塔兰特： 一种价值极高的货币。

然而船只离海岸较远，金额又如此庞大，对于恺撒派出去的人，这项任务可是需要花时间去完成的。就这样无聊地等待了好几个礼拜，船上鲜有娱乐……恺撒作诗，并读给海盗们听，然而他们对于他的才华无动于衷。

"无药可救，野蛮粗鄙的东西，你们哪里懂得欣赏诗歌！"

三十八天之后，恺撒派出的人终于凑足了赎金，从**米利都**回来了。海盗释放人质之后离去了，但恺撒决心追踪他们。他不但做到了，而且更令人高兴的是，被掠走的钱也收回来了！他把海盗们钉上了十字架。

"自从罗马衰弱以来，我们的海域海盗成灾，我必须予以反击。"他如此解释道。

不久之后，他得知自己将要继任**大祭司团体**内一位亲戚的职位，为了不被海盗盯上，他搭乘一艘小船，只带了两个朋友和十几个奴隶。恺撒终于回到罗马……

米利都： 小亚细亚海岸的希腊城市。

大祭司团体： 宗教由祭司掌管，而祭司的职位相互任命，或者在同一家族内传承。

罗马的宗教是从古希腊传承下来的信仰以及外来成分的融合。除了伊特鲁里亚、罗马和希腊的习俗，还吸收了一些东方（埃及和叙利亚）的特点。在罗马诸神之中，位列奥林波斯神殿的十二位希腊主神占有至高的地位。

朱庇特

马尔斯和维纳斯

朱庇特

众神之王，代表至高的权力。他是天神和天气现象之神，对应宙斯，以鹰、雷电和权杖为象征。人们常上卡比托利欧山朝拜朱庇特、朱诺和密涅瓦这三位神。

马尔斯和维纳斯

马尔斯对应阿瑞斯，代表战神，其特征是头盔和武器。他经常与维纳斯联系在一起，后者是爱神和美神，对应阿佛洛狄忒。

准备献祭

"人们屠宰了一只作为供品的山羊，仔细观察它的内脏。"

家神
家神是一组负责看管街道、马路、田地、花园和房屋的神。家神的特征是身着短衣服，以显示行动灵活。

神庙
罗马人对于外族信仰普遍表现较为宽容，愿意接受当地的神灵。他们为其修建了希腊风格的神庙。

献祭
公开献祭活动的第一步，是一群人沿着台阶一直走到设于神庙前的祭台，杀死一只动物（公牛，公羊或者猪）之后，占卜的僧人便开始查看其内脏。

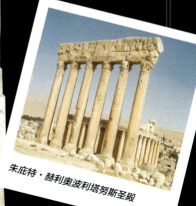

朱庇特·赫利奥波利塔努斯圣殿

缓慢的上升之路

一回到罗马，恺撒便去看望奥莱莉娅：

"母亲，我要向您表示感谢，多亏有您，我才能得到任命！"

"这次任命的确要归功于我的亲友

大司祭： 祭司。

与几位**大司祭**的关系，"奥莱莉娅回答道，"从今以后，你便永久地加入了掌控官方和个人一切宗教信仰的最高机构。你如今二十七岁了，我不想再过多地指导你，但我很想知道你下面是怎么打算的。"

"很简单，扩大我的知名度，与不同的人交往，扩大发展人脉……"

"说得没错，让所有人都欣赏你，对人要友善、慷慨，哪怕对最底层的人也一样。这些对于你的政治前途很有帮助。"

"是的，母亲，我希望能慢慢来。世事难料……你听说坎帕尼亚事件了吗？"

"你指的是从卡普亚一所角斗士学校逃出来的那个

叫**斯巴达克斯**的奴隶吗？听说他集结了一众乱民，什么来头都有……而且此人似乎天赋异禀。假如他们的势力继续扩大的话，谁知道这帮不法之徒能干出什么事来？"

奥莱莉娅的担忧不无道理。斯巴达克斯有着顽强的后盾，他的战士们大部分都是被贬为奴隶的战俘，他们不怕受伤，他们勇敢，甚至鲁莽。比起死在鞭子之下或者角斗场上，他们更愿意为自由而战。元老院刚开始对此不予理睬。此时**庞培**正在西班牙苦战，并带去了最精锐的**军团**。元老院派了裁判官瓦利纽斯去坎帕尼亚稳定局势。可是，十天之后，身着红色长袍的军队首领瓦利纽斯，不得不在元老院面前承认他可悲的溃败。

斯巴达克斯的队伍开始进攻乡村。角斗士们分成小队，潜入田间，杀掉华丽别墅的主人，释放奴隶，抢走财宝，火烧房屋，占领山头。秋天开始，整个地区都陷入火和血的海洋。

斯巴达克斯的战友们与执政官格里乌斯率领的军团狭路相逢。军团士兵与奴隶们之间展开了殊死搏斗。角斗士们将士兵一个一个砍倒，然后踩着尸体前进。到最后，罗马军队只剩下一支四百

斯巴达克斯：起初是色雷斯的牧羊人，在卡普亚成为角斗士，后领导了一场反抗罗马的起义。

庞培：同时代最为出色的将军之一，获得西班牙和东方战役的胜利。

军团：罗马军队单位，由大约六千名士兵组成。

名士兵的队伍，这时，斯巴达克斯命令他的手下停止屠杀。

"给他们水和食物，千万不要伤害他们。"听了他的话，所有的斗士都惊呆了。

第二天，他向士兵们说道：

"你们两个人一组站好，就像在角斗场上那样，一对一打起来，直到其中一人死亡为止。拒绝参战的人和不全力应战的人将被钉上十字架。"

这些士兵本已做好准备迎接敌人最残酷的刑罚，可是万万没想到，他们居然要自相残杀！怎么能对自己的战友痛下毒手呢？行军和战争期间，他们彼此之间已经结下了深厚的友谊！然而，他们还是站到了该站的位置上：他们知道斯巴达克斯有多么心狠手辣。

角斗士们围成一个圈，决斗在中间逐渐开演。观众们叱骂那些畏首畏尾的士兵，用叫喊声刺激他们。夜幕降临，最后只剩下十来个衰弱不堪的士兵，斯巴达克斯一声令下结果了他们。

不计其数的贫民加入了起义军的队伍，意大利全境被侵占。罗马震动了，元老院向马库斯·李希纽斯·**克拉苏**求助，并投票赞成赋予他最高的权力。此人是一位巨富。在苏拉时代，他

克拉苏： 政治人物，苏拉的支持者。

借助流刑犯人赚取了数不清的财富。

月桂叶: 将军在凯旋之时头戴月桂叶花冠。

"我一定要超过庞培，这家伙已经开始采集**月桂叶**了。"他心想。

他出钱组建了十二支军团，开始追堵斯巴达克斯的队伍，但还是没能抓住那几万名叛兵。乱了阵脚的克拉苏向元老院求助：

"赶快让庞培从西班牙回来！要不然奴隶们会再一次冲进罗马城！"

终于，在卢卡尼尔的一次战役中，克拉苏把斯巴达克斯

的军队逼入了绝境。起义军四下溃散，克拉苏无所不用其极地对他们进行了屠杀，因为得知庞培跨过阿尔卑斯山的消息，更加激发了他心中的怒火。而大腿中箭的斯巴达克斯搏杀到了生命的最后一刻，他的尸体消失在尸体的海洋里。

起义终于被镇压了，胜利者的荣誉属于克拉苏。然而，仍有数千名存活下来的奴隶意欲反攻。从西班牙载誉归来的庞培彻底剿灭了残余的反叛势力，他将胜利全都归功于自己："就算克拉苏镇压了叛军，却是我将他们斩草除根的！"

从罗马到卡普亚的路上布满了钉着斯巴达克斯战士们的十字架。正当他们垂死之时，庞培荣获元老院授予的**凯旋**仪式。而克拉苏仅被授予**一般典礼**，他得到的奖赏如此之薄，心中充满了苦涩。

尽管二人是竞争者的关系，但他们不得不和睦相处，因为他们彼此需要。一位是受到人民爱戴的常胜将军，另一位坐守巨大的财富，是罗马城的头号**高利贷商人**。元老院对他们俩都不太信任，但还是让他们担任了**执政官**。

平定奴隶起义的三个月期间，恺撒回到了罗马。公元前 72 年，他和其他

凯旋：由元老院授予胜利将军的荣誉。

一般典礼：比凯旋低一等的荣誉。

高利贷商人：高利息借钱给别人的商人。

执政官：由两位最高行政长官同时担任，他们统帅军队，执行法令。

24 位罗马青年一道被任命为**军事保民官**。

年轻的恺撒广交朋友，上流社会所有的聚会和晚宴都邀请他参加，人们欣赏他的幽默。他热衷于上流社交，懂得享受生活，不为明天的事所忧愁。所有的人都发现了他演说的才华，在一次法庭审判中，他的表现甚至得到了西塞罗的赞赏。

他时刻防范不被克拉苏和庞培所算计，同时又在为自己的政治前途精心布局。**民会**选举他为**财务官**。这不是一份简单的差事：工作职责是管理财政及监

军事保民官： 高级军官，每个军团配有六名军事保民官。

民会： 罗马人民大会，通过选举产生行政官员。

财务官： "荣誉之路" 晋升体系的第一阶。

管全部账目。他被派往西班牙南部，把整个地区来来回回走了个遍，在加的斯、塞维利亚、科尔多瓦等地与不计其数的人会面……然而天有不测风云，他必须赶回罗马。他的姑母，马略的遗孀——尤利娅去世了。

"我要让人们记住这场葬礼！"他暗暗发誓道。

他亲自操办了一场奢华的葬礼仪式。闻风而动的民众们都前来参加盛大的公开典礼。**仪式队伍**前面是长笛演奏者、哭丧队和火炬手，他们从尤利娅的家一直行进到罗马广场。一辆装饰华丽的花车运载着一张**担架床**，遗体就摆放在上面。佩戴着面具和像章的演员们出演祖上有名的先辈和已故亲人。

仪式队伍： 宗教性质的队列。

担架床： 一种可移动的床。

恺撒一个手势，仪式队伍就停了下来。突然间，一幅巨大画像上的帷幕被揭下，那是马略的形象，多么光彩夺目！这位于十七年前离世的伟大将军，仿佛重新获得了生命。马略生前被苏拉下了驱逐令，被宣判为"祖国的敌人"，其肖像严禁展示，禁令至今尚未取消！群众为他们爱戴的首领而欢呼，这是一位草根领袖。而献给马略的赞誉，同时也献给了恺撒。

队伍再次启程前往罗马广场，途中又在元老院议事厅附近停住了。人们聚集在**演讲台**周围，准备聆听恺撒的**葬礼致辞**。民众鸦雀无声，紧紧地盯着他的嘴巴。他开始了对尤利娅的赞美：

"我的姑母，从她母亲那里继承了王族血脉，而她父亲一族则属于不朽的神灵。儒略家族是维纳斯的后代，我们便是这个家族的一支血脉。王是凡人的主人，尤利娅代表着王最神圣的品格与神的神性最好的结合。"

欢呼声骤起，群情激昂。既然尤利娅有着如此不凡的祖先，不正说明恺撒也是维纳斯的后代吗？

这番言论在元老院掀起了轩然大波。恺撒居然敢说自己是神的后代！说自己的祖先是王与神！太大胆了！

不幸的事接连发生，不久之后恺撒再次失去了亲人。他年轻的妻子科涅莉娅去世了，未及三十岁。

人民都参加了这位年轻女子的葬礼，恺撒神情凝重。他忧郁的眼神洞穿每一个人的心。大家感受得到他的悲痛。这位满腔深情的细腻男子，得到了人们的尊重。

"这是个性情中人，"全城都如此传说，"是和我们一样的人。"

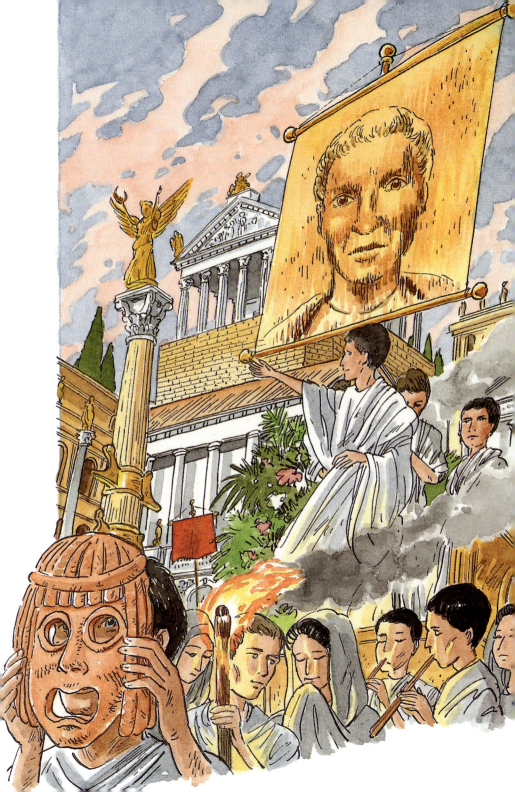

罗马王政时代结束于公元前 509 年，从此，便有了"人民的选择"。每个公民都与社会紧密相连，人与人之间相互团结。因此，人民和国家的自由都能得到保障。君主制的概念被罗马人彻底地摒弃。

民会选举
每个公民都领到一块方板，用途同选票。然后走过一座桥，用途同隔离室，最后将选票投入选举箱。

罗马贵族
最初，只有贵族们掌握政权，实行贵族继承制。但随着共和国的建立，平民越来越多地参与到政治生活当中。最初只有贵族们才有权利公开其担任过行政官员的先祖的肖像，有权利在家族葬礼上进行展示。平民后来才获得了这项权利。

民会选举
（人民商议并投票的大会）

"元老院向克拉苏求助，并投票赞成赋予他最高的权力。"

儒略·恺撒
儒略·恺撒曾担任过将军（大帝）、执政官、独裁官……不过恺撒这个名字后指所有的罗马皇帝。之后的俄国人称他们的皇帝为"沙皇"，是恺撒的变体。

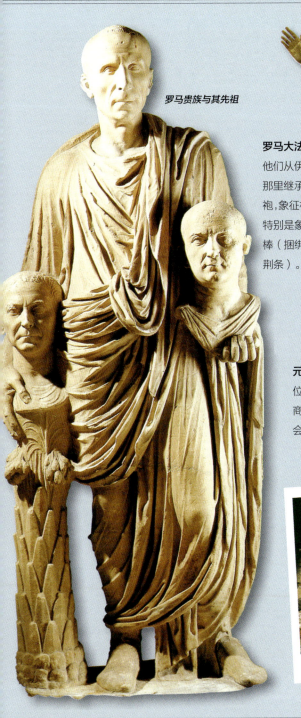

罗马贵族与其先祖

罗马大法官

他们从伊特鲁里亚人那里继承了镶边的长袍，象征权利的徽章，特别是象牙椅子和束棒（捆绑在斧头上的荆条）。

罗马大法官

元老院议事厅

位于罗马广场，元老院在此召开会议，商讨公共事务。该词的外延指一场集会的会议地点。

元老院议事厅，罗马

灵活的政治人物

　　恺撒强忍着悲痛返回西班牙，继续任财务官。然而在加的斯，面对着**亚历山大大帝**的雕像，他陷入了沉思。

　　"多么伟大的人物！多么不凡的才华！三十二岁时就征服了全世界！而我呢，在同样的年纪，又取得了怎样的战绩可引以为傲呢？"

　　不久之后他回到罗马，忧心忡忡。整个地中海上海盗横行，运送小麦的船只不断遭到拦截，导致商业运输被扰乱，商品价格上涨，更有不计其数的游客遭遇抢劫。

　　庞培受命重整秩序。几个月之内，海上便恢复了安宁。而他的军事才能远不止于此。他远征小亚细亚，攻打米特里达梯。将军的功绩传到罗马，人们为得到如此密不透风的防卫而欣喜不已。

　　正当庞培远航之时，恺撒在荣誉之路上渐渐上升：公元前 65 年，他当上了**市政官**。他与同僚一道负责保障城市供给，整顿社会秩序。而对于恺撒来说，

亚历山大大帝：古马其顿国王（公元前四世纪），他攻打下一个庞大的帝国，其疆土一直扩展到印度。

市政官：行政长官，任期一年。

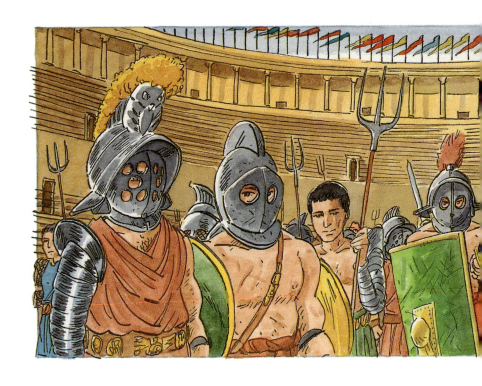

最有趣的莫过于组织竞技场游戏……他在此领域声名大噪。而他的另一个想法则激起了许多人的不满：

"为了纪念我去世的父亲，我要向世人展示他们从没见过的精彩绝伦的斗士搏斗！"他向身边的人宣布道。

在他的指挥下，三百二十对角斗士整齐地排列，全部身着黄金铠甲！

他母亲担心此举投入金额太过庞大：

"你是怎么弄到这么多钱的？"

　　"就跟所有人一样啊，借的！"

　　"好吧，但是注意不要欠太多债。"

　　"别担心，我知道该怎么还。"

　　虽然恺撒人缘颇佳，但还是不免树敌。有人怀疑他暗藏野心，有人对他天马行空的创意不予认同。恺撒对此毫不在意：他坚持为马略修建了**胜利纪念碑**，又一次挑战了元老院的威严。他的崇拜者与日俱增。

胜利纪念碑： 用以纪念军事胜利的建筑物，上面雕有塑像。

公元前 63 年，他却不得不面临一个棘手的难题。曾

因严重的问题触犯过法律的**喀提林**准备
参选罗马执政官。然而这个危险人物却
有其长处：他保证一旦当选，就免除所有的债务……这
个承诺可谓极具诱惑！穷人们尤其热烈支持他。然而，
最终却是西塞罗赢得选举胜利，于是喀提林策划复仇，
意图暗杀对手……幸好阴谋被及时挫败！西塞罗宣布将
叛徒及其同谋判处死刑。恺撒此时必须表明立场：他想
让两方都满意，一方是支持喀提林的民众，一方是支持
西塞罗的元老院。当所有人都在等待他的发言时，恺撒
站起来宣布道：

"你们希望将谋反者处以死刑。同你们一样，我对
喀提林可耻的计划感到震惊。同你们一样，我认为是时
候结束他的恶行了，也是时候肃清政治上的衰败气候，
让位给严格的伦理道德了。可是，喀提林的死能净化风
气吗？处死政要和贵族并不合乎规矩。"

元老们听着，明显为恺撒的论述所触动。最后，恺撒
建议先将谋反者投入监狱，等到风头过了之后，再予以审判。

奥莱莉娅事后如此评价儿子的表现：

"你的立场很灵活，恺撒，你没有否定那些拥护你

的人。而且他们也没理由责怪支持趁机作乱的人。你树立了一个有原则的男人和传统捍卫者的形象。

"尽管最终元老们还是被西塞罗说服，处决了喀提林和他的同谋……"

恺撒喜欢听她母亲用温暖的声音提供给他各种建议。他平躺着，品尝着放在他面前矮桌上的肉圆。

"听说大司祭克温图斯·梅特路斯·皮乌斯将不久于人世。"

奥莱莉娅猜到了她儿子的想法。

"所以你有把握继承他的位置，最　　**圣职:** 宗教职务。

高的**圣职**……"

恺撒起身，自信地将平了长袍上的褶皱，拥抱母亲道:

"我的母亲，你的儿子如果成不了大司祭，宁可当流刑犯!"

他已走远，她喊了一句:

"你要冒险了，成败在此一举!"

奥莱莉娅想到恺撒为了竞选要继续借贷巨额的金钱。除非他成功了，债主们愿意等。若是他失败了，他们将撤资。

幸运终于降临，恺撒当选了!

但对他的考验还没有结束：有人说他的新一任妻子庞培娅在家里接待了一位贵族青年。恺撒对这些传言予以坚决否认："恺撒之妻不容怀疑。"然而，不久之后，他就休了妻子……

又过了一阵子，罗马四处传说，庞培回来了！离开了五年之后，他载誉归来。他的凯旋仪式持续了整整两天，花车队列展示着被征服的国家的地图，被打败的国王的肖像，满载财宝的马车紧随其后。庞培站在队伍最前端的花车上，品尝着自己的成功。

恺撒不在观众群中，他又一次到了西班牙南部，七年前他担任财务官的地方。这次他的身份是行省总督。作为行政首长和战争指挥官，他的行动完全自由。

"与庞培曾握有的职责相比，这些微不足道。但是如果能充分利用，也能成就一番伟业……"

他住在瓜达基维尔平原的科尔多瓦，这里盛产谷物、橄榄油和葡萄酒。这是一片宁静怡人的地区。然而在北面，大山里的部落激愤地反抗着罗马人。

"是时候结束他们的挑衅了，我有一个出乎所有人意料的主意……"

恺撒筹备了一支舰队，无比果敢地命其出海。这是

罗马的军队第一次在大西洋航行！**加利西亚**迅速臣服，上缴了贡金。恺撒将其中的一部分还给了债主，一部分分给了他的士兵。他为自己的成功而自豪，并回到了罗马。

这段时间，罗马城因克拉苏和庞培之间的冲突颇不太平。在东方取得大胜之后，常胜将军庞培必须解散他的军队。他与执掌着一座名副其实的财富帝国的克拉苏势不两立。这一次，恺撒再出奇招：他提出充当调停者，并建议组成三人联盟。作为回报，他只要一样东西：由他们支持他成为罗马执政官……最终，他如愿以偿。

加利西亚： 西班牙西北部地区。

侍从官： 作为侍从官，在长官到来时负责通报，为其开门，进行护送。

门徒： 自愿拜在强者门下受其保护的人。作为回报，主人为其提供各种帮助。

公元前 60 年 1 月 1 日的早晨，前额饱满、目光冷峻的恺撒穿着紫色镶边的白袍，走过了神圣之路。新一任的罗马执政官，在十二位**侍从官**及一群朋友和**门徒**的簇拥下，走进了朱庇特·卡比托利欧神殿。他宰了一头公牛献给神，在元老院议事厅宣布召开新年第一场会议：

"让我们放下分歧，为了所有人的利益，为了共和国的利益！"

由于此时的罗马贫穷肆虐，恺撒采取了深得民心的举措。他的实干得到人们如此的评价："这一年是儒略与恺撒执政之年！"他将田地分给退伍老兵，这项明智而现实的举措却激起了无数的反对声……

三人同盟的关系时好时坏。为了巩固联盟，恺撒将自己的女儿，聪明的尤利娅嫁给了庞培。

一天傍晚，夕阳辉煌，将朱庇特神殿后的天空浸染成红色，他向母亲吐露心声：

"这钩心斗角的风气令我疲惫不堪。"

奥莱莉娅理解他的倦怠：

"丑闻、暗伤、谣言……这个时代真是的！"

"母亲，我渴望征战，我渴望荣誉，我渴望无可撼动的权力。"

奥莱莉娅微笑着：

"你看中了哪些地方？"

"**保民官**瓦提纽斯将向人民大会提名我为**内高卢**地区和伊利里亚地区的**行省总督**，任期五年。"

他母亲沉思道："五年，五年后我在哪里？"

但无论怎样，恺撒的眼中已有了其他目标。

三人同盟：处于政权最高地位的三位军事领袖的同盟。

保民官：行政官员的其中一级。

内高卢：意大利北部地区，公元前82年成为罗马行省。南边以卢比孔河为界。

行省总督：由前执政官担任的一个行省的最高行政职务。

罗马军队组织有序，等级分明，纪律严谨。它渐渐变成了一支职业军队，富人通过参军做出表率，而穷人则希望通过参军获得军饷。

"庞培载誉归来，他的凯旋仪式持续了整整两天。"

骑兵团

骑兵所持的是轻武器，以方便行动。通常是备用军，组成来源为色雷斯人、日耳曼人、西班牙人、高卢人、努米底亚人……

武器

罗马人擅长复制敌军的武器，他们从马其顿人那里借鉴了护胸甲，从高卢人那里学来铁丝网眼上衣，从萨谟奈人那里借来椭圆盾牌和标枪，又从西班牙人那里得到短双刃剑。

提比略凯旋

凯旋

取得战争胜利的首领坐在展览的花车上，与他的军队、战俘和战利品一起进行队列展示，从卡比托利欧山的战神广场开始，经过神圣大道。将军头戴一顶花环，"大帝"肩上披一件紫色的外套。

罗马骑兵

马略的改革

公元前 107 年，马略在对朱古达的战争中被选为罗马执政官；因组建新的军队的需要，他开始招募志愿军。从此，士兵依附于将军，因为后者发给他们战利品、土地和财富。于是，士兵参军的动机不再是服从国家和守卫疆域，而是征服新的领土。

人口普查

每五年，公民进行一次人口申报，然后根据各人的财富来确定等级。由此决定了不同的权利和军事、政治、财税义务。该仪式同时拥有政治和军事意义，也跟其他集体行为一样，具有宗教色彩。

人口普查

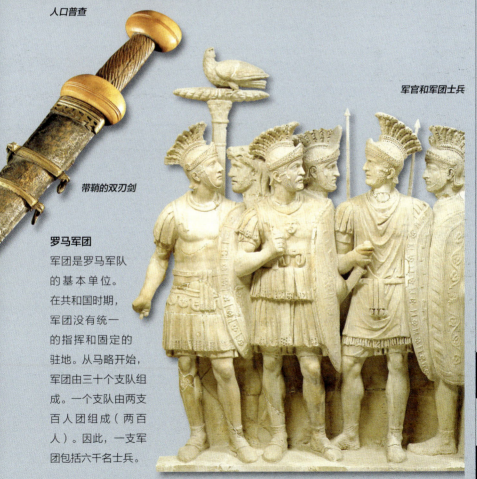

带鞘的双刃剑

军官和军团士兵

罗马军团

军团是罗马军队的基本单位。在共和国时期，军团没有统一的指挥和固定的驻地。从马略开始，军团由三十个支队组成。一个支队由两支百人团组成（两百人）。因此，一支军团包括六千名士兵。

征伐岁月

在他靠近罗马城门的别墅里，已获得**全民表决通过**的恺撒在为他的高卢之行做着准备。他不疾不徐地为他的三个军团募兵，还要交代亲信如何在他离家期间保卫他的利益。

然而，当他听说**海尔维希人**要迁至大西洋海岸**桑特人**的地盘时，决定立即进行干预。其原因是罗马人的同盟伊登人遭到了这一迁徙的威胁。他叫人马不停蹄地修建城墙，挖掘壕沟，以抵制海尔维希人越过罗纳河，并将他军队的人数扩大至四万人。

全民表决通过：获得了平民大会的同意。

海尔维希人：高卢人的一部分，居住地为今天的瑞士。

桑特人：高卢人的一部分，居住在桑特地区。

他的士兵们走在列队的马车前面，疾步穿越阿尔卑斯山，到了里昂才安营扎寨。正当海尔维希人乘坐小船和木筏过索恩河时，恺撒拦住了他们的去路。他们逃往北方，罗马人紧追不舍，一直到了布拉克特，两方狭路相逢，一场无情的血战在荒芜的田野里展开。海尔维希人战败。恺撒向幸存者发话：

"你们从哪儿来的就回到哪儿去！否则日耳曼人会

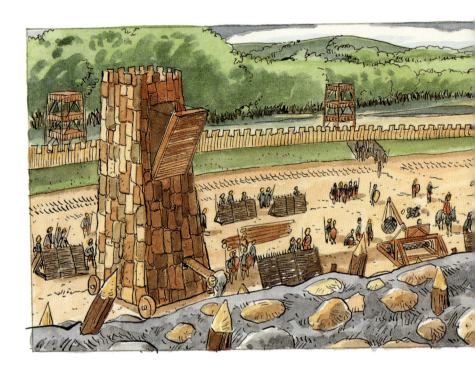

占了你们的地盘！"

日耳曼人比高卢人更为恐怖：他们的首领阿里奥维斯特是出了名的残酷和暴躁。趁高卢人内战的空当，他潜入了高卢地区，随后又扑向罗马人。军队中人心惶惶，甚至连**百人队长**们，以及作战经验最丰富的士兵们，都拒绝追随恺撒！恺撒面向他的士兵，说道：

百人队长：带领百人军团（100 名士兵的队伍）的军队首领。

"假如你们没有勇气战斗，那就走吧！在敌人面前撤退，不仅不能保证在莱茵河外站稳脚跟，还会损害我们在

高卢的利益！而我将像我的姑父马略攻打辛伯里人和条顿人那样坚持战斗，哪怕只剩第十军团独自陪我作战。"

士兵们被深深鼓舞了，他们为首领的决心所折服，开始进入作战状态。恺撒冲在最前线，疯狂地投入战斗。敌人的阵线慢慢退后。日耳曼人在罗马骑士的追赶之下溃不成军，退回到莱茵河地区。

经过了第一年的战斗，恺撒在内高卢地区过冬。传来的消息证实他的愿望终于成真：先后打败海尔维希人和日耳曼人的功勋为他赢得了所有人的钦佩。

第二年，公元前 57 年的春天，他决心将国界推进到莱茵河的入海口，比利时人的领土上。

就在罗马人为自己修建战壕之时，比利时联盟众多部落中的一支：内尔维人，悄悄地穿过了桑布尔河两岸茂密的森林。

步兵大队：由百人军团所组成，指的是一个军团中的第十支队伍。

正在挖土的士兵们遭遇偷袭，场面很快陷入一片混乱。**步兵大队**里，受伤的百人队长呻吟着一个接一个地倒下。面对敌人的袭击，后方士兵士气大减，踯躅不前。形势已危在旦夕。恺撒抓起一名士兵的盾牌。他喊着每个人的名字，鼓励大家勇敢迎战。榜样的力量激励了士兵，避免了大规模的溃逃。而且，新的军团前来增援，参与到战斗中，并从后方袭击了内尔维人。进退两难的内尔维人遭到围攻。两边阵营均损失惨重。

还有一些高卢人，他们原本打算去救援内尔维人，现在决定在一座筑有防御工事的城市等待发起猛攻。在他们看来，这是一座攻不破的城。然而，他们却低估了罗马人进攻的实力！居民们从高高的城墙望出去，简直不敢相信自己的眼睛：

"看啊！他们建起了和我们一样高的墙！还有一座带车轮的巨型塔楼！他们还配带了**弹盾**，所以我们的投掷物对他们无效！"

城被攻陷，城内的人们投降了，他们将武器扔出城墙外。第二天，罗马士兵进入城中，将上万名幸存者当作奴隶卖掉了。恺撒立即向罗马发去一封快信："日耳曼人被赶回莱茵河对岸，比利时人也投降了，高卢和平了。"

整个首都沉浸在欢乐和自豪的海洋里……元老院下令进行为期半个月的谢神**大祈祷**。相比为奖励庞培战功所举办的仪式，这份荣誉已经远远将其超越！

罗马城的人们贪婪地阅读着胜利的战报，因为此时局势并不轻松，生活必需品缺乏，克拉苏和庞培之间的关系异常紧张。恺撒从身边得知了这一情况，便提议三人在吕克会面。三人达成一项新的协议：庞培管理西班牙的两个省，克拉苏负责叙利亚，掌管抗击**帕提亚人**的事务。而高卢地区指挥权自然由恺撒执掌。

纳巴达地区已并入罗马版图，然而

弹盾：打仗用的可移动的屏障。

大祈祷：为了向获胜将军致敬所举行的仪式。

帕提亚人：来自伊朗高原的人民。

它之外的广大高卢地区还远远没被征服。想想看，区区八个罗马军团如何能降服比利牛斯山和莱茵河之中、阿尔卑斯山和大西洋之间上百个民族呢？

一个航海的民族，**阿尔莫里卡**南部的威尼托人起义了。两支舰队在基伯龙海湾相遇，罗马人的划桨船在高卢人的大帆船面前相形见绌。谁料，罗马人在长杆的前端绑了锋利的镰刀，切断了敌船**帆缆索具**上的缆绳。沉重的船帆轰然落下，威尼托人就此束手无策！他们无条件接受投降，然而恺撒对他们进行了严酷的惩治。

阿尔莫里卡：今布列塔尼地区。

帆缆索具：驱动帆船运行的一整套设备。

就在罗马军团在诺曼底享受冬假时，恺撒返回了高卢。然而行省总督没得一丝松懈：他不仅要处理政务，还要召见他在罗马的追随者们……

一天，他收到一封信："日耳曼的两个族群被苏维汇人追赶，越过了莱茵河。"

在储备了军粮、征募了骑兵之后，恺撒又上路了。士兵们对他的坚忍敬佩不已：

"他睡在摇摇晃晃的马车里，有时甚至就睡在露天，跟最普通的士兵一样！"

"吃着粗茶淡饭！"

恺撒向被日耳曼人占领的地区冲去。在进行协商之后，使者提出在接受他的条件之前停战一段时间。可是他们却单方毁约，杀掉了74名罗马骑兵。为了报仇雪恨，罗马军队出其不意地袭击了敌人的营地。一场血腥的屠杀上演了！所有人，包括老人、妇女和孩童，统统遭到骑兵团的追捕，继而处决。还有些人投河自尽。

恺撒决心扩大战果。他命人十天之内造了一座巨大的木桥，让他的军团通过。他的士兵跨越莱茵河，之后便开始了毫不留情的掠夺和屠杀。

这个消息响彻天际："罗马人第一次踏上莱茵河右岸！"

这一次，元老院宣布进行20天的庆功典礼！

到了公元前54年盛夏，恺撒想要充分利用严冬来临之前的这段时间，于是有了新的目标：

布列塔尼: 如今的英国。

布列塔尼！

"这座岛拥有无尽的财富，但更重要的意义是惩罚他们曾为高卢叛军提供了援助。"他宣布道。

他带领着80艘船和两个军团，将罗马的鹰旗插在了布列塔尼的土地上！可是，要再向前进却不可能了。增援的部队原地待命，**秋分**时节的大潮汐干扰了行动。恺撒决定返回。

他重新组织了一支海军，再次扬帆驶往布列塔尼。而这一次，他带领了五个军团！他们逼退了布列塔尼人，一直到达**泰晤士河**。卡西弗朗国王投降，他同意支付贡金，释放人质。

秋分：一年中的节令（春分在三月，秋分在九月），在春分日和秋分日，昼夜时间一样长。
泰晤士河：英国的一条河流。

恺撒威震四海。他又一次成为"第一"：第一个穿越北方湍急海流的罗马人！

但他知道现实没那么简单。他在布列塔尼的地位并不稳固，而高卢人反抗侵略的吼声也从未停息……

高卢不是一个地方。高卢指很多地方，高卢人包括很多个民族。恺撒在他的《高卢战记》中描述道，他前去征服的是一个内部统一、界限清楚的地区。但实际上，高卢人数量众多，彼此之间差别极大。

高卢手工业

金属加工业非常先进。高卢人发掘了金矿，拥有卓越的金银手工匠。

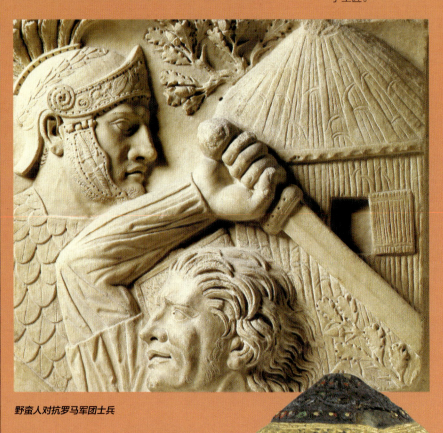

野蛮人对抗罗马军团士兵

野蛮人

高卢人被认为是野蛮人。他们被描绘成强壮甚至残暴（否则他们的屈服就失去了价值），但是比罗马人低等的形象。

公元前四世纪的头盔
质地为金和铜

黄金饰圈（项链）

黄金

罗马人之所以垂涎高卢领土，是因为这是一片富饶祥和的土地。考古挖掘使得这些奇珍异宝重见天日。

高卢的技术

历史传说往往带给人们根深蒂固的偏见，然而在现实中，高卢的技术非常先进和精密。例如，高卢人曾发明一种谷物收割机；他们还发明了酒桶和包铁的车轮，罗马人后来受到其启发，进而使用。

韦辛格托里克斯（金币）

韦辛格托里克斯

在人们的描绘中，这位阿尔维纳人的首领留着大胡子和长发，然而这种公认的形象并没有确凿的证据……

科尔努诺斯，带鹿角的森林之神

"在他靠近罗马城门的别墅里，已获得全民表决通过的恺撒在为他的高卢之行做着准备。"

高卢的神

高卢人信仰的神不计其数：图塔蒂斯、艾波娜、科尔努诺斯、伊索斯、鲁格、塔拉尼斯……这些神通常与野蛮的动物（野猪、公牛、鹿、马）或者虚幻的生灵（羊头蛇身、三角公牛）联系在一起。

韦辛格托里克斯与恺撒之战

公元前 54 年的 9 月，恺撒收到了一则噩耗：奥莱莉娅去世了。之后不久，尤利娅也去世了，她肚子里的孩子也没能保住。恺撒消瘦的脸庞更加深陷，他思念着作为自己人生导师的母亲，思念着他亲爱的女儿，以及她腹中本该来到这个世界的婴儿。

然而这并不是适合感伤的时刻。听说**卡尔努特人**杀掉了之前恺撒为他们指定的国王。恺撒派了一支军团去稳定局势。这年冬天，面临着日趋升级的冲突，他放弃去内高卢地区休假，亲自监管萨马罗布里瓦地区。恺撒十分忧心：他不信任**厄勃隆尼斯人**以及他们的首领安比奥瑞克斯。

将军和他的**军团长**提特尤斯·拉庇耶纽斯正在研究战争形势，面前是一张铺开的地图，突然，一名高卢奴隶冲进了帐篷：

"致敬，恺撒阁下！"

"什么事这么慌张？"

"内尔维人被安比奥瑞克斯逼反，

卡尔努特人，厄勃隆尼斯人：高卢的民族。

军团长：罗马军团指挥官。

他们袭击了一个罗马军营！我好不容易才冲破他们的重重包围前来向您汇报！"

恺撒即刻带了两队军团和简易的装备到达事发地点，才将造反势力击退……但是一处还未平息，另一处又开始了暴动。先是**特维尔人**，再是**瑟侬人**，后来厄勃隆尼斯人也乱了。

为了重新夺回主动权，恺撒需要组建一支人数更多的军队。这个任务很快就完成了。他带领着十个军团，打下一个又一个的胜仗！他对这些造反的人毫不留情。例如瑟侬人的头领阿克奥，直接被砍了头……高卢差不多安分了，总督便回到了他的内高卢行省，准备在拉文纳过冬。可是，从罗马传来了令他不安的消息："克拉苏远征帕提亚遭到惨败。他本人死在了卡尔，罗马的军队于此大败，庞培一人独揽大权。这是前所未有的局面，他被任命为执政官，没有同僚。"

在高卢，全面暴动。

特维尔人，瑟侬人，阿尔维纳人： 高卢的民族。

"**阿尔维纳人**造反了，"军团指挥官对恺撒说，"而他们的头儿……"

"韦辛格托里克斯？"恺撒打断他，"我了解他。他很听我的话，打起仗来就像我们的骑兵。他能力超群……"

"可他同样了解我们！了解我们的战术，我们的武器，他对我们的实力一清二楚，包括我们的弱点……"

"最重要的是——"恺撒补充道，"他最先明白了一件事情：如果高卢人想要行动高效，就应该团结一致。"

"但这不是易事，他们这些人非常独立。"

"正因如此，韦辛格托里克斯号召他们为高卢的自由而战。"

公元前52年2月，罗马军团洗劫了阿尔维纳的领土，开始全力追赶那些想要避免对阵战的高卢人。韦辛格托里克斯命人烧毁了麦田、谷仓、村落，以及所有可能为恺撒军队所用的东西。他手下的部队还阻截了恺撒命人从南方运来的物资。

罗马军团最终将高卢人围困在阿瓦利肯城。然而士兵们的口粮太少，支撑不了太久了。他们发挥出最强的实力突袭夺城，夺下了**比图里吉人**的首都。一场大屠杀过后，几乎没有幸存者。

恺撒的成功无可置疑。新占领的这座城市供给非常充足，他借机重整实力。但是越来越多的人投入了韦辛格托里克斯的麾下！一直忠于罗马人的厄勃隆尼斯人也开始搞**分裂**！

比图里吉人：高卢的一支民族。

分裂：起义反抗罗马。

"把军队分成两组，"恺撒命令拉庇耶纽斯道，"你往北边攻打瑟侬人和**帕里希人**。我去阿尔维纳人的地盘，乔尔高维。"

谁料，恺撒在这座城市打了败仗。

韦辛格托里克斯铁了心要扩大胜利果实，他在比布拉克特召开了一次人民大会。人们蜂拥而至。在荣誉光环的笼罩之下，高卢首领的地位确立了，经全体通过，他获得了至高的领导权。

恺撒给拉庇耶纽斯传信："高卢人对纳尔博涅茨发起进攻，目的是切断我们的供给。我去救援。"

为了迎战强壮的高卢骑兵，他新组建了一支日耳曼骑兵团，全速奔向南边。韦辛格托里克斯从三个方向进行攻击，虽然行军队伍三面受敌，但最终日耳曼士兵却将高卢人打得落花流水。罗马军团乘胜追击。因为担心他的**步兵部队**，韦辛格托里克斯决定撤回阿雷西亚。

帕里希人：高卢的一支民族。

步兵部队：全体步兵的队伍。

城堡：筑有防御工事的城市。

恺撒对带兵前来汇合的拉庇耶纽斯说："高卢人自以为躲在这座**城堡**里就安全了，可是我们将用一种神奇的方式

将其瓦解，他们骑兵团的所有努力将化为灰烬。"

封锁壕：用以防御的壕沟。

他下令修建一条绕城的**封锁壕**。韦辛格托里克斯的骑兵想要逃，却没有成功。后来趁罗马人睡着的时候，有几个人在那 17 千米长的圆环完全封闭之前，逃了出去。他们开始招募援兵："所有会用武器的人都来帮忙啊！"他们的头儿喊道，"快啊！八万步兵被困，我们坚持不了一个月了。"

就在高卢人四处奔走寻求援助之时，恺撒设计了一种可以同时朝向阿雷西亚和外部的发射装置：

"不能让困在里面的人找到一丝缺口和通道。我们军队的后方得在援军到来之前得到保护！"

这纯粹是一场速度的比拼。恺撒军队又建了第二道壁垒，不但有围墙，还有注满水的沟渠、栅栏和防御台……并布下了各式各样的陷阱。灌木丛中还藏了插尖刺的木桩。

罗马军团扎好营寨，收集粮食，而此时城内的高卢人却饱受饥饿的折磨。韦辛格托里克斯将城民放出去。老人、妇女和儿童慢慢地出来了。他们脸色苍白，形容枯槁，乞求吃食。然而恺撒拒绝接济他们。

援军终于到了：这是由来自高卢各个地方的 24 万步兵和 8000 骑兵组成的一支精锐部队。一看到如此大的规模，被困的人们重新树起信心。尽管已经虚弱不堪，他们仍然欢呼着彼此拥抱！

第一场战斗打响了。在日耳曼骑兵的帮助之下，罗马人勇夺先声。当晚，城内人逃跑的计划也被挫败。最后，城外的高卢军队发起一轮新的猛攻，但依旧以失败而告终：高卢军力被彻底瓦解。

城内已经丧失了所有希望。韦辛格托里克斯将他的人民集合起来：

"我组织这场战争，不是出于个人的目的，而是为了大家的自由。我的命运掌握在你们手中。要么用我的死平息罗马人的怒火，要么让我活下去！"

第二天，韦辛格托里克斯配备了最精良的武器，穿过城门。他骑着马在恺撒周围旋转绕圈，后者却只是坐着。韦辛格托里克斯跳下坐骑，把武器扔在胜利者脚下。恺撒一言未发，将他绑了起来。

罗马军团得到了丰厚的奖赏，回到了他们的冬季宿营地。高卢人的抵抗被击溃了，恺撒的目光转向了罗马方向。

被征服之后的高卢不满足于罗马的统治。它利用重新建立的和平，开始了繁荣之路，农业、手工业和商业均得到发展。罗马同样也从高卢的产出中受益。

船只运输商品

"韦辛格托里克斯骑着马在恺撒周围旋转绕圈，跳下坐骑，把武器扔在胜利者脚下。"

在路上

游客坐在公共马车里或者车顶上旅行。道路交通网使得人们可以在帝国的领土上通行。

开放的文化

高卢人慢慢融入了罗马公民体系，他们采用了罗马的语言和生活方式，甚至一些宗教信仰。

游客

商业

当高卢的酒桶遇上罗马的双耳尖底瓮。高卢和罗马之间的商业交流非常频繁，而且早在儒略·恺撒征服高卢之前就已经开始了。主要的商业活动是通过罗纳河实现的。

城市

高卢的城市内出现了新的建筑物（竞技场、圆形剧场……）。高卢城市规划同样遵循了罗马城市建设的原则。一些殖民城市的兴建初衷是为了给退伍的老兵提供住所。

竞技场

一片广阔的沙地，供动物或者角斗士决斗之用。

加尔桥

尼姆竞技场

加尔桥

加尔桥是为尼姆城供水的水道桥的一部分。高卢南部比北部更早被罗马化，而且受到的影响也比其他地方更为深厚。

赋税

罗马对帝国所有的领土均施行统一的行政体系。罗马的赋税制度非常完备。

收税官

罗马内战

公元前51年，恺撒仍旧在高卢。他希望在撤兵之前剿灭所有的战争策源地。另外，他将贡金的数额定在四千万罗马银币。与高卢出产的巨大财富相比，这不算什么⋯⋯

尽管恺撒广受爱戴，此刻他却面临着一个困境：元老院虽然下令举行二十天的仪式来庆祝他的胜利，却对他起了疑心。他太强大了。而庞培，在尤利娅死后不再是他的女婿，倒越来越像是他的竞争对手。

公元前50年，恺撒在一片欢腾中回到了内高卢。他申请参加罗马执政官的竞选，遭到元老院拒绝。更甚者，公元前49年1月，元老院撤销了他作为高卢行省总督的职务，而任命阿汉奥巴布斯成为他的继任者⋯⋯这对于大英雄来说该是怎样的羞辱！

在拉文纳，一名信使向他传达了元老院的决议：

"你必须放弃你的军队和行省，元老们已将国家守卫者的角色交给了庞培。**平民护民官**马克·安东尼，以及你所有的支持者们，

平民护民官：保卫平民的行政长官。

　　两军狭路相逢。渐渐地，双方士兵之间建立了联系。他们相识，相熟，甚至结缔友谊。总而言之，两支军队关系友善。庞培军队的首领对此有所察觉之后，将队伍中亲近恺撒的人处决掉，并重新建立铁一般的纪律。而恺撒却反其道而行：他释放了庞培的士兵，并表示愿意将投奔他的士兵**编入麾下**！

编入麾下： 对士兵进行征募，收进军队。

　　然而这并不是软弱的表现。恺撒在莱里达痛击庞培的军队，并对战俘表现出极大的宽厚。他用了两个月的时间，取得了西班牙之战的胜利。该返回罗马了。途中，他一举拿下被围攻的马赛城，要求其进贡船队、武器和

财宝。

这段时间的罗马，国家的威严几乎荡然无存。在雷必达的全力斡旋之下，恺撒被任命为独裁官。虽然走了不寻常的程序，但没有违背法律。这样一来，他就可以组织已经推迟了太久的执政官选举，并重新恢复合法地位。

公元前48年，恺撒被委任罗马执政官，但他未对任何敌人施以报复。罗马城内的苦难景象让他大为震惊，他命人大量分发面包，并组织盛大的节日。

他再一次上路，迎战死对头庞培。出发之前，在罗马广场举行了仪式典礼。祭司们放飞了一只**鸢**，它嘴里叼着一顶花冠，花冠没有按照计划掉在恺撒头上，而是掉在了他的一名随从头上……**占卜官**认为这是吉兆。情绪高涨的人群一直跟随他走向城门。他向南而行以穿越阿德里亚海。

鸢：一种猛禽。

占卜官：负责解释征兆的祭司。

兆：征兆。

当他到达埃皮尔的时候，精疲力竭的军团已经散乱不堪了。而庞培数量庞大的军队则蓄势待发。即便如此，庞培的队伍在杜拉佐附近遭到了围困。恺撒对围攻之术

　　已是游刃有余，他在大山里安下营寨。不料庞培成功突围，对敌军进行了攻击。两支军队都向东边的色萨利前进，终于在公元前 48 年 8 月，在法萨罗附近展开决战。

　　恺撒用尽全力鼓舞士气，并实施了一项计策。他先是挑选了几支步兵大队，让他们隐藏起来，等待进攻命令的下达。庞培的骑兵团冲在阵前，就在他们自以为战胜时，忽然遭到雨点般标枪的袭击！突袭取得成效，步兵撤退，投石手和弓箭手上前迎战。第三阵队还未开打，就轻而易举地攻入了庞培已乱作一团的队伍。恺撒潜入庞培的帐篷，只见在无比奢华的地毯上，堆满了**香桃木**叶的花冠和盛满美酒的**双耳爵杯**，这必定是为了庆祝胜利而准备的……将军的徽章散落在地，庞培已骑马逃走了。

恺撒注视着眼前的平原，只见满目的尸首和伤员，散落着的盾牌和断剑：胜利是苦涩的。这里洒下的都是罗马公民的鲜血。这场手足相残的战争应该停止了。

因而，当庞培的士兵前来求情时，恺撒显示出了宽大的胸怀。

不久之后，在经过安纳托利亚时，他听说庞培到了塞浦路斯："他很可能要去埃及，去寻找同盟，以及财富。"恺撒心想。

公元前48年10月2日，在灯塔璀璨灯光的指引下，恺撒率领一支小船队到了**亚历山大**港口。他一上岸，便被一群不甚友好的人团团围住。从埃及人的喊叫中他得知庞培于四天之前被杀。这消息让他无比震惊。到达皇宫后，他得知庞培死于一个卑劣的圈套。埃及的大将军阿季拉斯在两名老罗马军官的陪伴之下，登上了庞培的战舰。然后他提

香桃木：一种树木，叶片生命力持久。

双耳爵杯：带有两个环的酒杯形状的容器。

亚历山大：由亚历山大大帝于公元前331年兴建的城市，地处尼罗河三角洲。

出带庞培以贵宾身份去往皇宫。庞培接受了他的邀请，没有带私人侍卫，就上了他们的船。其中一名罗马人将剑刺入他的后背……

恺撒接过庞培的指环，上面雕刻着一只持剑的狮子。接着有人呈上了庞培的首级，恺撒吓呆了……

很快，他了解到埃及的局势异常混乱。事实上，托勒密十二世临终前指定他的儿女一同执政。然而，两位继承人，克莱奥帕特拉与她弟弟托勒密十三世却剑拔弩张。王后带着一支军队暂避叙利亚，而托勒密十三世，更准确地说是他那些危险的监护人，掌管着亚历山大……

恺撒将指环送往罗马，作为庞培死亡的凭证。

"一旦风向有利，我将重回首都……"

埃及拥有重要的经济意义：它是一个名副其实的谷仓，同时也是非洲和印度商贸的终点。在文化方面，它闪耀着独一无二的光辉。亚历山大成为罗马帝国第二大城市，仅次于罗马。

> "公元前48年10月2日，在灯塔璀璨灯光的指引下，恺撒率领一支小船队到了亚历山大港口。"

尼罗河河谷
得益于尼罗河一年一度的涨潮，埃及肥沃的土地不仅足够养活它的人民，还可供出口。除了小麦之外，它还盛产纸莎草（当时罗马还没有纸）、亚麻、香料、药材、橄榄和甜枣。

亡者与阿努比斯（*最右*）以及另一位埃及女神的纪念雕像

尼罗河河谷

宗教的发展变化
罗马的宗教中吸收了埃及的神祇。对于伊西斯女神和塞拉匹斯神的崇拜引起了罗马人极大的兴趣，正如对于波斯神密特拉和小亚细亚女神西布莉的崇拜一样。对人死后生命延续的关注和对巨神的偏爱，这些东方宗教的特点，满足了罗马人越来越多的期待。

大法官切斯提亚金字塔墓

金字塔墓

罗马人根据自身财富和社会地位的不同，建造了形态各异的建筑物。在建筑领域，埃及风格同样大受欢迎！

克莱奥帕特拉七世

在色诱恺撒之后，这位年轻的埃及女王，托勒密希腊王朝的后代，与安东尼生活在一起，过了一段"无可比拟的生活"……

克莱奥帕特拉七世

恺撒和克莱奥帕特拉

恺撒将目光投向地中海，观察着海平面。"既然风向不利，倒不如利用这段时间，试着让托勒密十二世的孩子们和解吧。先王的遗嘱应该得到执行。这将会巩固罗马**保护国**的地位以及我本人的影响力……不过在这之前要做一件事，让人们记得尊重庞培……"

他命人将庞培的头葬在亚历山大城门旁，一座供奉复仇女神涅墨西斯的小神庙内。之后，他邀请托勒密十三世和克莱奥帕特拉一同来皇宫，想劝说他们和解。但是后者不能前来，因为阿季拉斯将军，也就是托勒密十三世的"监护人"之一，率军队据守在尼罗河三**角洲**。不过这样的问题是难不倒克莱奥帕特拉的。她在深夜悄然而至。一位友人将她藏在毯子里，她就这样毫不费力地来到王宫，并见到了恺撒将军。

"王后驾到！"他一边说，一边解开了包裹上的布带。恺撒惊异地看着克莱奥帕特拉从天而降！他瞬间就被她的

保护国： 埃及臣服于罗马的"保护"，或者说管控之下。

三角洲： 分成几条支流的河流河口地带。

大胆与美貌征服了。他沉沦于埃及女王眼中的熊熊火焰，将她扶上王位的愿望日益强烈……

共同统治： 遗嘱要求姐弟俩一同执政。

恺撒帮助他们实现了姐弟**共同统治**，然而托勒密身边的人却对罗马人的干涉颇为反感。他们想要摆脱恺撒和他的情妇王后。从第一场宴席开始，他们就试图对两人下毒。恺撒时刻保持着警惕。

阿季拉斯宣布与恺撒开战。然而恺撒手上只有四千人，连保卫王宫都极其勉强。亚历山大城内上演了罗马人和埃及人之间的街头混战。为了避免阿季拉斯侵占他的舰队，恺撒命人烧毁了自己的船只。这是一着险棋：火势将会蔓延到大图书馆，那里收藏着的四十万册书籍和独一无二的财宝，将如何自保！所幸悲剧及时停止了。

终于，恺撒呼叫的救援部队到达了。一整支来自小亚细亚的罗马军团！恺撒和他的军队想要冲出埃及军队的钳制。战斗十分惨烈。恺撒和他的部下一起战斗，最后脱掉他的紫色长袍，跳海自救。在这场战斗中，托勒密十三世死了。恺撒向亚历山大人展示了年轻国王的黄金护胸甲，作为胜利的标志。

克莱奥帕特拉重新获得了权力。罗马对埃及的统治得到确立，恺撒可以归国了。但他没有这样做，而是选择与克莱奥帕特拉出海旅行。这对情人带着奢华的船队顺流而上，缓慢地行船，经过了白城孟菲斯，百门之都底比斯，卢克索神庙群以及卡纳克神庙群。如此之多的美景让恺撒眼花缭乱。

但是他不得不中断这短暂的幸福时刻，因为东方有紧急事务等待他的处理。庞培培植的博斯普尔帝国国王法尔纳斯试图扩张领地。看到恺撒离自己越来越近，法尔纳斯提出协商。为了收买恺撒，他甚至为其制作了一顶黄金王冠，但被后者拒绝了。双方军队于公元前 47 年 8 月 2 日在泽拉对峙。法尔纳斯的军队被撕成碎片。恺撒如此宣布他的胜利：

我来，我见，我征服。

我来，我见，我征服:
拉丁语原文简洁有力:
Veni, Vidi, Vici。

在东方这段时间，恺撒听说克莱奥帕特拉生了个男孩，名叫托勒密·恺撒。不过亚历山大人昵称他为"小恺撒"……

终于，恺撒回到了罗马，被任命为期一年的独裁官。罗马城已完全陷入混乱，但他没有时间多做停留。原因是庞培的余党逃到努米底亚王国，得到了国王犹巴的庇

护。恺撒即刻命令驻扎在坎帕尼亚的军队登船驶往西西
里岛，却遭到这些军队的拒绝！这些罗马军团不仅参加
过内战，还在法萨罗、亚历山大和泽拉等地打过仗，现

恺撒大帝：士兵向他
们获胜的将军欢呼时
喊出的称号。

在希望能得到军饷和假期。**恺撒大帝**听
了他们的抱怨，无动于衷地回答道："公
民们，你们被辞退了。"

　　这句话正中要害。叛兵们为没有被当作士兵，而是
像普通人那样被对待而感到屈辱和受伤。他们为自己的

行为深感懊悔。他们哀求恺撒的宽恕，要求严惩罪犯，请求他将他们带上战场。恺撒没有惩罚任何人，只是下令为事件煽动者分配了最危险的职责。他向士兵们保证，从非洲回来后，会分给每人一小块田地……

　　敌军的数量占有巨大优势。更有甚者，犹巴和他的罗马盟军握有强大的骑兵团和战象。在这场发生在努米底亚的权位之争中，局势渐渐对军需匮乏的恺撒不利。他军队的马匹只有脱盐的**褐藻**可吃。

褐藻： 一种海藻。

恺撒在绝望中生出力量，于公元前46年4月4日攻打塔普苏斯。攻势之下，大象受到惊吓，纷纷转向，踩死了不少步兵。战斗在一片血海中结束了。对于恺撒来说，这却是一场巨大的胜利。幸存的庞培余党们逃往西班牙，努米底亚国王自尽了。

犹巴的财富被没收了，**老兵**们终于等来了期盼许久的回报。恺撒给他们每个人都分了田地。

恺撒回到了罗马，收获了前所未有的权力和荣誉。他被任命为独裁官，任期十年。元老院下令将恺撒的名字刻在朱庇特·卡比托利欧神庙的**三角楣饰**上，并在神庙圣殿设立了一尊恺撒的塑像，他脚踩一只球，旁有题词："致恺撒，半神。"但恺撒让人抹去了这句话：他担心荣誉的过分膨胀。

罗马正在筹备庆祝恺撒的凯旋，其奢华程度及规模之大史无前例。好奇的人们蜂拥而至，赶来城内庆祝伟大的胜利。街巷和广场上都被花环装点，神庙的**祭坛**上都敬着香。庆祝队伍的饰物打造成四种特殊的形状：象征着高卢的柠檬树，象征着埃及的镶贴龟壳的木

老兵：退伍的士兵。
三角楣饰：庙宇正面上端的部分。
祭坛：石桌，用来盛放敬神的供品。

刻，象征着东方的**侧柏**，以及象征着非洲的象牙。天刚亮，从远处赶来看热闹的人就抢占了战神广场和卡比托利欧山的最佳位置。

元老们和显贵们身着庆典长袍，走在队伍的最前方。接着，军号鸣起，展示财宝的花车亮相了。这是罗马人最喜欢的环节！观众们惊得合不拢嘴，欣赏着从诸多神庙及宫殿掠夺而来的战利品。精英军队的展示过后，四匹白马牵引着一辆花车出现了，恺撒就在这辆花车之上。在一群侍从官的簇拥之下，他摆出无比尊贵的仪态，手持鹰状的**帝王权杖**，头戴月桂花冠。一袭紫色长袍让人想起了罗马的先王们，使他看起来更具威严。一名奴隶手捧朱庇特黄金王冠放在恺撒头顶。

侧柏：一种来自异域的树木。

帝王权杖：指挥棒，最高权威的象征。

乐师们在他身后演奏着长笛和奇特拉琴。奴隶们手捧玻璃杯，里面燃烧着珍奇的熏香。

接着，人们举起一块块巨大的盾牌，上面印刻着数不胜数的胜仗的名称，以及一尊尊雕像，代表着被征服的江河。敬献给神灵的公牛后面，是最后一位出场的人物：高卢反抗运动的英雄被拴在一辆小马车上当街游行。韦辛格托里克斯死到临头了，几小时之后，他将被处决……

欢庆活动让罗马人欣喜若狂。多么盛大的场面！一共摆放了两万两千张桌子，法兰尼葡萄酒和**海鳝**餐敞开供应。恺撒命人大量分发小麦、油，甚至肉。他还下令为上千位居民支付奖金。

> **海鳝：** 一种瘦长型的鱼，肉质鲜美。

丰富多彩的演出活动接连上演。戏剧、舞蹈、竞技比赛、花车大赛和骑马比赛……罗马经历了迄今为止最盛大的狂欢。恺撒还组织了一次人工湖上的划船大赛。在人群的尖叫声中，四千划桨者同台竞技。平民欢欣沸腾，连续两周的时间，人们暂时忘却了现实的烦恼。

尽管如此，一些人却对此表示疑虑。那些真正的共和党人并没有参与这场称颂大会。恺撒疏远了他们，甚至连深受罗马人爱戴的老喜剧作家拉贝里乌斯，也因为发表了几句戏谑的评论而遭受惩罚。正在人们狂欢之时，他悄悄地对自己的一位朋友说：

"一个被很多人害怕的人，必然害怕很多人。"

妇女受制于家族长的权威，只有婚姻和生育才能赋予她们社会地位，即主妇。与希腊妇女不同，罗马妇女并不完全是家庭主妇。她们可以去剧院，去市场，去法庭。

奢侈的品位

罗马人喜爱珍奇的珠宝和华丽的衣饰。诸多法律的出台便是为了控制过度消费。

项链

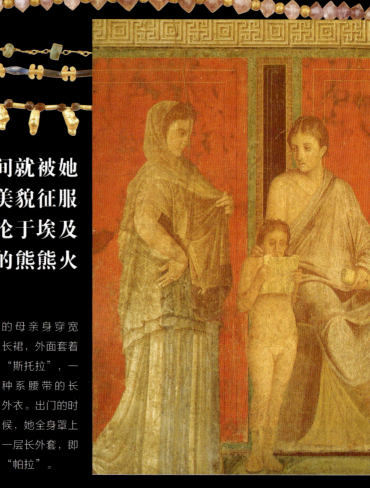

"恺撒瞬间就被她的大胆与美貌征服了，他沉沦于埃及女王眼中的熊熊火焰。"

家族的母亲

她们是家的守护者。她们没有献祭的权利，但是可以祭拜女神维斯塔，家族的保护神。在家的时候，家族的母亲身穿宽长裙，外面套着"斯托拉"，一种系腰带的长外衣。出门的时候，她全身罩上一层长外套，即"帕拉"。

珠宝

妇女们戴着耳环、胸针、衿针、项链、戒指、手镯、发圈。男人喜欢戴戒指，可以同时作印章之用。

在两位主妇的命令之下，一个孩童阅读一本宗教读物

一位年轻女子的肖像

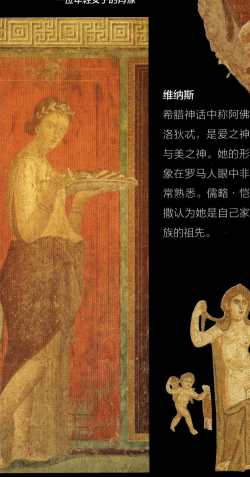

维纳斯

希腊神话中称阿佛洛狄忒，是爱之神与美之神。她的形象在罗马人眼中非常熟悉。儒略·恺撒认为她是自己家族的祖先。

爱美之心

妇女们喜欢化妆。有人将头发染成金黄色，尤其在罗马帝国时代，她们让奴隶为自己编出各种复杂的发型。男人剃须，剪短头发。

梳妆打扮的维纳斯

有影响力的妇女

在上层社会，妇女有权组织文学聚会，并在饭桌上参与政治讨论。罗马帝国时代的妇女们则获得了更多自由的权利。

独裁官恺撒

恺撒投身于一系列野心勃勃的建设之中。"再美，再大的事物，对于罗马这样的城市来说，都毫不过分！"

他为新的朱利安广场主持了庄严的落成仪式。广场北边竖立着女神维纳斯神庙，以致敬尤利娅**氏族**的母亲。对面是独裁官恺撒的**骑士塑像**。尤利娅**长方形廊柱大厅**的工程已接近尾声。元老院议事厅得以翻新，广场地面的石板全部更换。背倚着卡比托利欧山的岩石斜坡，一座雄伟的剧院拔地而起。恺撒还在计划建造一座巨型的希腊和拉丁文学图书馆。首都成了一个大工地！

氏族： 广义的家庭概念。

骑士塑像： 雕像中的人物以骑马姿态呈现。

长方形廊柱大厅： 公共建筑物，一般作审判之用。

但要想改善市民的生活质量，仅做这些是远远不够的！恺撒从早到晚都在思考，咨询，组织活动，颁布政令，并试图在众多领域完善法律法规。他的活力达到前所未有的强度！他推行的改革与现实的需求相吻合。例如，他着手解决历法问题，因为现行历法已经与季节越来越脱节。在最顶尖的专家，尤其是在天文学家亚历山大·索西琴尼的帮助下，恺撒将月历 355 天改为日历 365 天，再加上每四年增加一天的原则，这个历法较之前相比更加符合现实。

恺撒几乎很少休息。他给自己唯一的消遣就是偶尔去看望克莱奥帕特拉，她和儿子被安置在台伯河外的一座别墅内。他还命人在维纳斯神庙内摆放了一尊埃及艳后的黄金塑像。但这段风流韵事让罗马人不悦。恺撒对此心知肚明。因而没过多久，克莱奥帕特拉就回亚历山大了……

公元前 46 年年底，恺撒头顶阴云密布。虽然他已经打败了大部分对手，但仍有一些人，尤其是庞培的儿子们，在西班牙找到了庇护。他们煽动当地人民起来反抗罗马……而且恺撒在当地设立的军团长皆地位不高。恺撒行动神速：17 天后，他已到了瓦伦西亚北面！严冬时节，在几乎已坍塌的路面上，他每日行军 90 公里。由于旅途劳顿，恺撒的抵抗力遭受严重挑战，他终于病倒了，罗马军团饥寒交迫。

一恢复健康，恺撒便开始进攻。然而，尽管打了几场胜仗，他还是不能取得决定性的胜利。庞培的势力盘

恺撒一边为如何管理帝国深谋远虑，一边低调地回到了罗马。他十八岁的甥孙盖乌斯·屋大维陪在左右。另一些人赶来与他会合，其中有高卢地方长官马尔库斯·朱尼厄斯·布鲁图斯。随行队伍人数众多，他却鲜与人交谈。因为他脑中只剩思索及忧虑。

"该如何帮助那些最穷的人呢？"他心下琢磨，"给他们无偿分发粮食，这个主意怎样？不行，那会让年轻的农民无心劳动……如果能分给退伍军人和穷人田地，他们就有了生活来源，社会也会更加安定……还应该让商人多雇佣**赎身**的奴隶。他们虽然会认为这些人比奴隶贵，但通过这样能解决失业问题。另外，还要给蓬蒂内沼泽排水，挖一条运河，让**台伯河**的航运直通向大海。还要扩建**奥斯提港**……为了充分认识帝国新领地的意义，为了使新公民融入罗马，我要将元老院的元老人数从六百人提高到九百人。我已经能够预见保守党派人士将如何批评这项举措。共和国会变成什么样？他们一定会这样问！但我还有诸多其他计划，我的时间够用吗？"

公元前45年初秋，恺撒忠诚的朋友**马克·安东尼**来见他。布鲁图斯和屋大

赎身：恢复了人身自由的奴隶。

台伯河：罗马的母亲河。

奥斯提：罗马军事港口。

马克·安东尼：又被直接称作安东尼。

维也一直追随着他。他于是决定在到达罗马之前完成最后一个大胆之举。在他位于拉比库姆的别墅，众人纷纷前来拜见。恺撒立下遗嘱：屋大维被任命为他的继承人。他将自己四分之三的财产留给屋大维。同时还宣布收养屋大维，将自己的名字传于他。法律意义上，他没有儿子。而布鲁图斯，则一言不发地离开了别墅……

各类表演令罗马人痴迷：剧院中上演的戏剧和音乐会，体育馆内举行的花车大赛，以及圆形剧场中的角斗士决斗。各类节日数不胜数，至少两天就会有一个节日。

讽刺诗

这是一种典型的罗马戏剧形式，是散文与诗歌的结合。这些讽刺剧涉及各类主题。

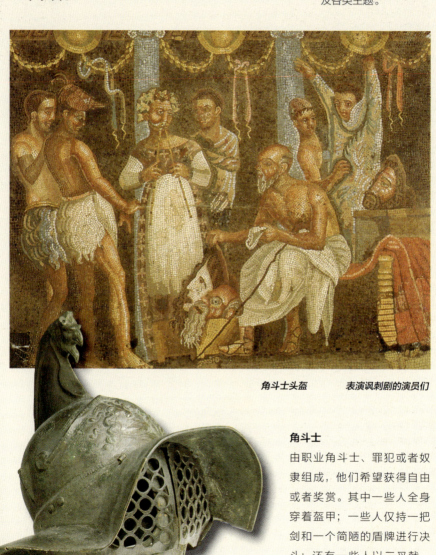

角斗士头盔　　　　表演讽刺剧的演员们

角斗士

由职业角斗士、罪犯或者奴隶组成，他们希望获得自由或者奖赏。其中一些人全身穿着盔甲；一些人仅持一把剑和一个简陋的盾牌进行决斗；还有一些人以三叉戟、匕首和网为武器。

花车大赛

花车大赛在体育馆内举行。花车的驾驶员身穿五颜六色的队服，任务是围绕中间的栅栏沿着车道跑七圈。有些驾驶员一战成名，并且获得丰厚的奖金。

"一座雄伟的剧院拔地而起……"

音乐

军队中专门配有一队乐师。无论是宗教庆典、公共游乐，还是宴会场合，都少不了音乐的身影。

角斗士

乐师

角斗士决斗

最早的角斗士决斗要追溯到伊特鲁里亚时期，他们用这种致死的决斗形式来告慰亡灵。但并不是所有的罗马人都欣赏这种表演。西塞罗曾经这样写道："一个有品位的人，怎么可能会喜欢看到一个羸弱的人被强壮无敌的猛兽撕成碎片，抑或者一只健美的动物被长矛穿透心脏？"

三月十五日

　　蒙达之战胜利之后，元老院再次下令为独裁官举办庆典。4 月 21 日和帕里里亚节，这两个日子本来是为了庆祝罗马建立的传奇历史而设的，如今专门为他举办了花车大赛。这一次，庆典的期限被定为五十天，另有无数的恩赐授予恺撒！

　　恺撒得到了"大帝"的称号，并可将其传给继承人；获得了在钱币上印制其肖像的资格；被任命为任期十年的罗马执政官，被授予**"祖国之父"**的称号……元老院还宣布将他的生日设为正式节日。将他出生的月份改名为**"儒略月"**。节日、雕像、神庙，以及数不胜数的高级特权，都被打上了他的名号！

祖国之父： 曾救祖国于危急之中的公民被授予的称号。

儒略月： 七月。

　　"元老院给了我太多的奖励和荣誉，"恺撒心想，"可是这样的崇拜是不是太过分了？我担心有一天会对我不利，会滋长共和党的反对势力。大家都来对我阿谀奉承，让我成为了全罗马城最受嫉妒和憎恶的人！被这样包围

着，连最微小的举动都备受关注，难道我不是被孤零零地置身于危险之中？"

恺撒想要逃离这些荣耀，回乡下去。

"亚历山大大帝曾征服帕提亚帝国，我要追随他的脚步！我要征服杀害克拉苏的人民。我们将于 44 年 3 月 18 日启程。"他宣布道。

在农神节期间，工事建设一结束，大街小巷便充斥着吵嚷的队伍，小酒馆里挤满了兴奋的人群。恺撒逃离了这些欢闹。他带着庞大的随从队伍，去了屋大维岳父

位于坎帕尼亚的别墅。

　　每天早晨是他工作的时间，他继续

立法：制定法律。

立法，思考如何将部队组织得更加精锐。其间任何人都
不能打扰他。接着，到了下午，他会去海滩。游泳之后，
找人做按摩。然后，他去拜访邻居西塞罗，后者很高兴
能够接待他。这位伟大的雄辩家给他准备了最美味的佳
肴。两人不谈政治，只谈文学，这是一段惬意无比的时光。
可是到了 12 月 20 日，独裁官又回到罗马。

　　公元前 44 年 1 月，元老院再次决定扩大恺撒的权力：

他们下令在朱庇特·卡比托利欧神像脚下的小银桌上，用金字刻上**神的头衔**。恺撒犹豫了：如果接受被**神化**，一定会激怒共和党！然而他也没有反对。

正值**拉丁神节**，人群兴奋地为他欢呼。人们摩肩接踵，不惜一切想要瞻仰他那镶金的紫色长袍。一片躁动之中，有人喊出一个前所未有的新的称号："国王。"恺撒停下马，转向那个叫喊的声音，喊道：

"我是恺撒，不是国王。"

平民护民官逮捕了闹事者，对其进行审判。这个严厉的回应让恺撒的反对者们稍稍放心，可是他们会满足于此吗？

事实上，恺撒并没有完全地避嫌。不久之后，他主持了**牧神节**。他坐在讲坛之间金色的王位之上，渐秃的头顶上，佩戴着元老院授予的罗马先王的王冠……更有甚者，他被任命为终身独裁官。这些举措与共和国的原则背道而驰。

节日气氛正酣。装扮成牧神的人们围绕着帕拉丁山而行，他们几乎周身裸

神的头衔： 通过授予此头衔，将一个人比作神。

神化： 被列于与神相同的地位。

拉丁神节： 于4月下旬举行的庆典，以纪念拉丁地区的保护神朱庇特。

牧神节： 于2月15日举行的节日，庆祝生育。

露，只有胸部裹了一层山羊皮。他们从祭神的公山羊皮上剪出一条条皮带，用来抽打行人。人们叫喊着给他们加油。游行结束之后，恺撒被市政官、大法官和元老们所包围，正在这时，安东尼离开他们，一级一级走上通往讲坛的台阶，向恺撒呈上一顶王冠，说道：

"人民让我把这个交给您。"

独裁官果断拒绝，甚至都没有看他一眼。安东尼依然坚持。恺撒把王冠扔给旁边的侍从，高声道：

"朱庇特是罗马人唯一的王。"

恺撒深为忧虑，共和国已名存实亡。曾经执掌政治生活的元老院已沦为通过他决定一切的工具。独裁官想要重组政权，然而没有人赞成这些改革。所幸的是，远征帕提亚的出发日期临近了。

公元前 44 年 3 月 15 日，恺撒尽管身体抱恙，还是准备出发去元老院。他的新婚妻子卡尔普尼娅哀求他道：

"别出去！把元老院会议推迟吧！"

"发生什么事了？"

"我求你了。我做了个噩梦，梦里面，我看到你被刺杀了！我们的房顶也倒塌了！"

恺撒犹豫了："假如我不去，他们会更加觉得我不尊重元老院，会怨我目中无人。"元老院派来的布鲁图斯到了，他说服了恺撒。

"别信这些凶兆！来吧，我们在等你。"

接近 11 点钟，他乘坐轿子离开了家。路程不算长，经过神圣之道就到了。聚集在他身边的请愿者如此之多，让他都没有时间看刚才阿尔特米托斯塞给他的纸条。当时，这位朋友对他耳语道：

"这个你一定要看，非常紧急！"

半路上，恺撒遇到了占卜师斯普利纳，此人之前不久曾向恺撒预言：今日会有大灾降临。独裁官向他喊道：

"你看吧，**3 月 15 日**已经到了！"

斯普利纳低声回应道：

"没错，但这天还没过去！"

3 月 15 日：3 月 15 日，为马洗身的节日。是为了纪念战争之神马尔斯。

恺撒到达元老院大厅，一小群人立刻将他团团围住。他们挤在一起，似乎要向他致敬。他正准备坐下，突然，其中一人掏出一把匕首。刹那间，恺撒明白了："这是一场阴谋，他们想杀我！"还没来得及伸出手臂保护自己，他就已经无法动弹。刀锋已刺入他的胸膛，他呻吟着，向眼看着来刺他的布鲁图斯说：

"也包括你吗，我的孩子……"

刀剑从四面八方刺来。他被刺死，断了气。密谋者们慌忙逃了出去，长老们则被这场凶杀惊呆了。

尸体躺在地上，没一个人敢靠近。几个小时之后，三名奴隶才将他抬上一辆马车。他的一只胳膊吊在外面，被带回了家。街上空无一人，整个城市被恐惧吞噬。恺撒手中还握着那张没来得及看的纸条。阿尔特米托斯提醒他将面临巨大的危险……

元老院宣布恺撒将获得神的荣誉。新一任执政官安东尼筹备着奢华的葬礼。他在罗马广场上向人民展示恺撒浸满血迹的长袍。人群大为震撼，哭泣着，聚集在一起。

有人希望将恺撒送入朱庇特·卡比托利欧神庙内进行火化，又有人提议送去庞培纪念堂。正在他们争议不休时，两名男子往停放遗体担架的廊台里放了火。人们摘下一排排树枝，让火焰烧得更加凶猛。丧葬队伍中的乐师脱下仪式服装，扔进火中，老兵们扔进武器，妇女们扔进饰物。讲坛之上，恺撒的遗体被火焰吞噬，这不是元老院的决定，而是人民自发的举动。

第二天，布鲁图斯、卡修斯以及其他同谋才现身。

他们宣称共和国的地位稳固了。而安东尼，他既反对这些杀人犯，又不听从于**屋大维**，他认为自己才是恺撒唯一的，真正的继承人。

屋大维：恺撒遗嘱中规定的继承人。

黑暗的岁月开始了……

公元前 44 年，屋大维，儒略·恺撒的甥孙及养子，为了争夺权力，与他的对手安东尼和布鲁图斯开战。一场内战让共和国四分五裂。公元前 31 年，屋大维在亚克兴获得战争胜利。元老院授予他"奥古斯都"神圣称号，意为被神选定的人。他于公元 14 年逝世，之后罗马帝国存在了数个世纪。

帝国的人民

帝国的人民缓慢地进行着罗马化。公元 212 年，卡拉卡拉皇帝将罗马公民身份授予帝国所有自由的人民。

哈德良长城

这条于公元二世纪修建的长城，起到守卫边防的作用。它位于帝国国界，现英国北部，目的不是为了停止进攻，而是防御苏格兰人。

罗马斗兽场（圆形剧场），罗马，公元一世纪

哈德良长城

从共和国走向帝国

这枚授予奥古斯都的盾牌，重新使用了共和国的官方定义："元老院和罗马人民"，其拉丁文首字母缩写为"SPQR"。虽然保留了共和国所有的机构设置，但奥古斯都的个人权利几乎达到专权。他被称为"第一公民"，意为：元老院第一元老，元老院王子。

奥古斯都之盾

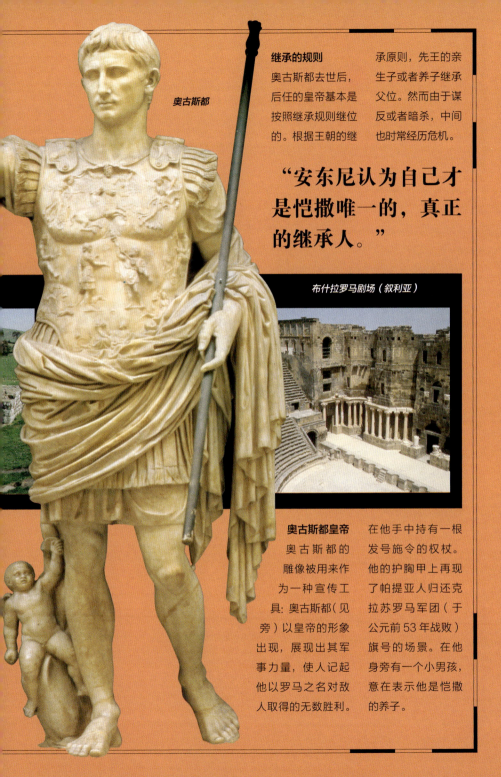

奥古斯都

继承的规则

奥古斯都去世后，后任的皇帝基本是按照继承规则继位的。根据王朝的继承原则，先王的亲生子或者养子继承父位。然而由于谋反或者暗杀，中间也时常经历危机。

"安东尼认为自己才是恺撒唯一的，真正的继承人。"

布什拉罗马剧场（叙利亚）

奥古斯都皇帝

奥古斯都的雕像被用来作为一种宣传工具：奥古斯都（见旁）以皇帝的形象出现，展现出其军事力量，使人记起他以罗马之名对敌人取得的无数胜利。在他手中持有一根发号施令的权杖。他的护胸甲上再现了帕提亚人归还克拉苏罗马军团（于公元前53年战败）旗号的场景。在他身旁有一个小男孩，意在表示他是恺撒的养子。

本书故事来源

儒略·恺撒是最著名的古代历史人物之一。而他的猝死使得他的故事更加富有传奇色彩。

恺撒的历史地位

不论他本人意愿如何，恺撒的确是共和国向帝国过渡的最后一个转折点。对他的谋杀本意是阻挡共和国的消亡（除非同谋者们同时还有其他令他们更感兴趣的目的……），却让罗马陷入一场为期十三年的内战，并以更快的速度掉入他们力图避免的政治制度……

恺撒并没有进行大的政治改革，也许因为他担心激怒同时代人。谁又能知道，他的挚友安东尼为他献上王冠的那一幕是否只是一场配合的演出，是他用来检验大众反应的呢？他意识到了帝国的社会和政治变化，新的疆域领土，以及罗马被赋予的新的历史使命。

恺撒的著作

恺撒最重要的著作是《高卢战记》。公元前 52 年，该书出版后获得了巨大的成功。这部著作在风格上独具一格，简洁明晰，是这一伟大历史时刻的关键见证实录。恺撒还写了《内战记》，讲述了他与庞培的斗争。这两部作品都是在事件发生后不久写成的，然而恺撒在其中并未袒露自己的思想或者情感。

西塞罗

雄辩家、政治家和作家，他给同时代人撰写了数量庞大的信札，也写了诸多关于社会的文章。他的信件展示了一幅生动的古罗马政治生活图画。

西塞罗
（公元前 106 年 — 公元前 43 年）

罗马历史学家

生活在恺撒同时代的撒路斯提和卡图勒斯，都是有价值的见证者。而比他们稍晚些的普卢塔克和苏埃托纳也提供了很多信息。我们可以发现，普卢塔克看起来相当客观。苏埃托纳讲述了恺撒的人生，但作品的开头丢失了。之后的蒂特里夫、阿皮耶恩、迪昂·卡修斯，则采用了与之前的作家相同的信息来源……

儒略·恺撒

恺撒是谁?

为了将恺撒的一生完整地拼凑起来，众多的历史学家研究了这些书籍中的每一个细节，并将它们进行比较、掂量、评估。根据各人不同的观点，他们塑造的恺撒形象大相径庭。有人把重点放在他野心勃勃、严肃冷酷和机会主义的性格上；其他人则描绘了一个深谋远虑的政治家，一位天才的军事领导人，一名出色的作家。

本书作者立场

就我而言，我力图展示一个性格复杂的人物，偶尔踟蹰，但总是精力充沛。为了讲明他一生中主要的阶段，并将他那些著名的句子原景重现，我必须选定立场、甄选、重现传奇场景，同时留出空间供想象力飞驰……

恺撒后世

恺撒的人物形象给了无数作家以灵感，每个人都能从中选取一种特别的色彩。戏剧方面，莎士比亚和布莱希特对他尤为倾心。他们笔下的恺撒利欲熏心，野心勃勃。而大银幕上的他则是英雄的形象。一部讲述他与克莱奥帕特拉情史的著名好莱坞电影点燃了无数人的热情。此外，漫画《阿斯特里克斯》的作者们（戈西尼和乌德佐）则将其塑造成一个严酷和招人反感的角色……

图片来源

P18 左上：罗马的罗马广场全景。©远景/Ch. 鲍曼

中：亚辟大道。©达勒·奥尔蒂

下：《屠夫》浮雕作品，罗马的罗马文明博物馆藏品。©布里兹曼–基拉奥当

P19 上：罗马多层房屋模型，罗马的罗马文明博物馆藏品。©达勒·奥尔蒂

下：罗马温泉浴场绘画。©伽利玛旅行指南

P30 上（以及第5页）：朱庇特头像，公元1—2世纪焙烧黏土雕塑，菲茨威廉图书馆，剑桥大学。©布里兹曼/基拉奥当

下：一对化身马尔斯和维纳斯的罗马夫妇，雕像，巴黎卢浮宫藏品。©RMN/R.G. 奥杰达

P31 中：准备献祭的场景，公元1世纪大理石雕塑，巴黎卢浮宫藏品。©

RMN/H. 莱万多夫斯基

上：家神，铜像，巴黎卢浮宫藏品。©RMN/H. 莱万多夫斯基

下：位于黎巴嫩巴勒贝克的朱庇特·赫利奥波利塔努斯圣殿。©布里兹曼/基拉奥当

P42 上：罗马银质货币，公元前1世纪作品，投票的场景，法国国家图书馆藏品；

左下：儒略·恺撒头像，大理石雕塑，那不勒斯卡波迪蒙特国家画廊博物馆藏品。©布里兹曼/基拉奥当

P43 左：抱着两尊头像的罗马贵族，又名巴尔贝里尼雕像，大理石雕塑，罗马卡比托利欧博物馆藏品。©达勒·奥尔蒂

右上：罗马大法官，佛罗伦萨考古博物馆。©斯卡拉

下：罗马广场上的元老院议事厅©斯卡拉

P54 左：罗马骑兵，

高卢罗马时期艺术，奥朗日产黄铜雕塑，圣日耳曼莱昂国家历史博物馆藏品。©达勒·奥尔蒂

右：提比略凯旋，博斯科雷尔酒杯，庞贝出土银具，巴黎卢浮宫藏品。©RMN

中：产自帕奈尔登的带鞘的双刃剑，荷兰奈梅亨G.M.卡姆省级博物馆藏品。©达勒·奥尔蒂

P55 上：士兵人口普查，多米提乌斯·阿和诺巴尔布乌斯的浮雕，大理石雕塑，公元前1世纪作品，巴黎卢浮宫藏品。©RMN/舒泽维尔

下：罗马士兵和军官，大理石雕塑，巴黎卢浮宫藏品。©RMN/H. 莱万多夫斯基

P66 上：野蛮人对抗罗马军团士兵，大理石浮雕，巴黎卢浮宫藏品。©RMN/R.G. 奥杰达

下：金、铜、釉、铁质地的头盔，法国厄尔省昂夫勒维尔出

土，公元前3—4世纪作品，圣日耳曼莱昂国家历史博物馆藏品。©RMN/J. 肖尔曼斯

P67 上：黄金项圈，法国马伊勒康出土，公元前3—4世纪作品，圣日耳曼莱昂国家历史博物馆藏品。©RMN/G. 布罗特

中：韦辛格托里克斯肖像，金币，让·凡尚收藏品。©达勒·奥尔蒂

下：科尔努诺斯，昆德斯塔普出土容器，金银质地，哥本哈根国家博物馆藏品。©AKG/E. 莱辛

P76 左：乘客交通场景，高卢罗马时期浮雕作品，阿维尼翁宝石博物馆藏品。©达勒·奥尔蒂

中：航运葡萄酒，高卢罗马时期浮雕作品，艾格斯卡布雷尔村，阿维尼翁宝石博物馆藏品。©达勒·奥尔蒂

P77 中：加尔桥。©远景/J. 吉阿尔

中右：尼姆竞技场。

© 12.com 摄影 / 吉尔·里维特

下：收税官，浮雕作品，高卢罗马时期艺术，梅兹艺术与历史博物馆藏品。©马格努姆 /E. 莱辛

P88 左：尼罗河上的小帆船© H. 馥奇 /比约斯

中：亡者与阿努比斯的纪念雕像，俄罗斯普希金博物馆藏品。©斯卡拉

P89 上：大法官切斯提亚金字塔墓，位于从罗马到奥斯提的路上。©马格努姆 /E. 莱辛

下：推测为克莱奥帕特拉七世肖像，大理石雕塑，公元前30—40年作品，伦敦大英博物馆藏品。©布里兹曼 / 基拉奥当

P100 左：古罗马珠宝，私人藏品。©布里兹曼 / 基拉奥当

中：对一名小女孩的宗教启蒙，古罗马壁画，公元前1世纪作品，神话别墅，庞贝。©布里兹曼 /

基拉奥当

P101 上：一位年轻女子的肖像，古罗马壁画，公元1世纪作品，那不勒斯卡波迪蒙特国家画廊博物馆藏品。©布里兹曼 / 基拉奥当

下：梳妆打扮的维纳斯，镶嵌画，公元3世纪作品，突尼斯巴尔杜国家博物馆藏品。©布里兹曼 / 基拉奥当

P110 上：表演讽刺剧的演员们，镶嵌画，公元62—79年作品，那不勒斯国家考古博物馆藏品。©布里兹曼 / 基拉奥当

下：角斗士头盔，金、铜质地，庞贝出土，巴黎卢浮宫藏品。©RMN/H. 莱万多夫斯基

P111 上：罗马马西莫竞技场游乐，镶嵌画，公元3—4世纪作品，位于西西里阿尔梅里纳广场的卡萨尔罗马别墅藏品。©达勒·奥尔蒂

左：街头乐师，镶嵌画，公元前1世纪作

品，那不勒斯国家考古博物馆藏品。©布里兹曼 / 基拉奥当

右：角斗士，铜质小型雕像，牛津阿什莫林博物馆藏品。©布里兹曼 / 基拉奥当

P122 右：罗马斗兽场。©布里兹曼 / 基拉奥当

下：奥古斯都大理石神盾，公元前1世纪作品，位于阿尔勒的异教徒艺术石器博物馆藏品。©达勒·奥尔蒂

中右：哈德良长城。©达勒·奥尔蒂

中：奥古斯都皇帝，大理石雕塑，大约为公元前20年作品，梵蒂冈博物馆藏品。©布里兹曼 / 基拉奥当

P123 叙利亚布什拉罗马剧场。©布里兹曼 / 基拉奥当

P124 西塞罗，大理石雕像，曼托瓦公爵宫藏品。©布里兹曼 / 基拉奥当

P125 儒略·恺撒，版画作品，法国巴黎国家图书馆藏品。